ホロスコープを読み解く

はじめての西洋占星術

立木冬麗の幸せ占星術LESSON

改訂版

立木冬麗 著

Mates-Publishing

はじめに

皆さんこんにちは、
皆さんはどんな思いでこの本を手にしたのでしょうか？
星占いって何？
星占いをもっと詳しく知りたい？
星占い師になりたい？
色々な思いがあり、手にしてくださったと思います。
せっかく手にしてくださったのですから
どうぞ面白くなるまで、あなたの手元に置いておいてくださいね。

星占いは他の占いと違い、はっきり言えば難しいです。
簡単に答えは出ません。
なぜなら、基本の星座が12もあるうえ、天体の惑星10個も使って、
それらが教えてくれる情報を読み解かないと答えが出てこないのです。
でも、大丈夫ですよ。
星占いを学ぶうえで大事なことは「人間を好きになる」こと。

人間が好きだからこそ、もっと知りたいと思う。
それが上達への道です。

さらに、星占いを学ぶには何が必要でしょう？
それは多角的な見方と想像力です。
惑星の位置が何座にあるのか？　どこに多く惑星が位置しているのか？
それを頭の中で整理し、
そして、何もないところに新たな道を、新たな建物を創造し、
まっさらな土地に「ホロスコープ」という星の地図を描きます。
そして、その星の地図を読み解くため、
星占いには「感性」「インスピレーション」という才能も大事だと言えます。

多分、この本を手にしたあなたには、その才能が備わっていますよ。
アメイジングな星占いの世界にようこそ。
さぁ、一緒に勉強していきましょう。

立木冬麗

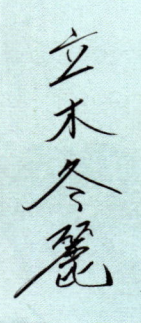

目次

ホロスコープを読み解く　はじめての西洋占星術
立木冬麗の　幸せ占星術 LESSON 改訂版

※本書は2018年発行の『立木冬麗の 幸せ占星術 LESSON ホロスコープで読み解く星のメッセージ』を元に加筆・修正を行い、書名と装丁を変更して新たに発行したものです。

第4章　上級編　出生時間のあるホロスコープから「人生傾向」と「未来」を読み解くレッスン

第1章

基礎編

太陽星座でプロ並みに占う

レッスン

12太陽星座だけで占う！「潜在的な性格」と「パーソナリティ」

ホロスコープを使わず、誕生日の太陽星座から「潜在的な性格」と「パーソナリティ」を本格的に占うふたつの方法をマスターしましょう。ホロスコープを使わないので、カフェなどでも本格的に占うことができます。

あなたの星座は、誕生時の太陽の位置で決まる

「あなたは何座？」と聞かれたら「私は双子座」と自分の星座を答えるでしょう。それは、皆さんが牡羊座や牡牛座などの名前が「12星座」であることを知っているからです。

では、あなたはなぜ「双子座」なのか。それは、その人が誕生したときに「ホロスコープ」の太陽の位置にどの星座が入っているかで、その人の星座が決まるのです。このように太陽の位置から決まる星座は、「太陽星座」と呼ばれています。

各星座の性格は占星術の重要な要因のひとつになります。ホロスコープを使わずに性格などを占う場合、その星座の基本的な性格やキーワードを知っておくとアドバイスをするときに役立ちます（「12太陽星座の基本的な性格」P9表組参照）。

第1章では、12太陽星座の「潜在的な性格」「パーソナリティ」をさらに深く読み解きます。

太陽星座のデークから「潜在的な性格」を読み解く

まず、STEP1では各太陽星座を第1〜3デークに分けて「潜在的な性格」を読み解きます。

誕生日の太陽星座を3分割することで、同じ星座でもさらに細かくその人の「潜在的な性格」を読み解くことができます。

太陽星座の「4つの要素」から「パーソナリティ」を読み解く

つぎに、STEP2では各太陽星座のデークで読み解いた結果をベースに「4つの要素」をプラスして、気質・才能・思考傾向などの「パーソナリティ」をさらに深く読み解きます。

「守護星（惑星）」

「エレメント」

「クオリティ」

「ジェンダー」

キーワードは、ホロスコープを読み解くときにもイマジネーションをふくらませる大きなヒントになります

12太陽星座の基本的な性格

太陽が入っている位置を基準にした12星座の誕生日、基本的な性格、キーワードです。ホロスコープを使わずに占うときも、ホロスコープを使うときにもとても役に立つ基本的な情報になります。

太陽星座	基本的な性格・キーワード
3／21～4／19 牡羊座 ♈	12星座のトップに位置する星座。新たな一歩を踏み出す勇気があり、ひるまず前に進んでいく行動力を持つ。自己主張が強くストレートな性格。先駆者・リーダーシップ・正義感・攻撃能力など。
4／20～5／21 牡牛座 ♉	大地のように大らかでおだやか、安定した精神を持つ。努力家で真面目、地道で我慢強い性格。変化を恐れ、時に頑固。倹約家で生活、経済の安定を強く求める。現実的・主観的・美意識・怠惰など。
5／22～6／21 双子座 ♊	頭のキレる天才肌。どんなことも器用にこなし、好奇心旺盛で情報収集能力に優れ、クールな性格。知識などが豊富なため、迷いやすさも加わる。活動的・社交的・二面性・移り気・同時進行など。
6／22～7／22 蟹　座 ♋	情愛深く、細やかな気遣いもでき、育む能力は12星座の中でも群を抜いている。想像力に長けているが、反抗心が強く、成長しても子どもっぽさが残る。感情的・家庭的・保護・育成・意地悪など。
7／23～8／22 獅子座 ♌	情熱を持ち、パワフルな性格。華やかな世界、一流の場所に身を置いて、スケールの大きなことを行う。自然と人の上に立つ運命だが、実力がないと孤独になる。独創的・寛大・気分屋・利己主義など。
8／23～9／22 乙女座 ♍	観察力に優れ、実務能力に長け、批判精神も旺盛。完璧主義だが、度が過ぎると協調性に欠ける。いくつになっても少年少女の心を持つ。学術的・実践的・柔軟性・心配性・几帳面・分析・謙虚など。
9／23～10／23 天秤座 ♎	人とかかわることで成長する、コミュニケーション、社交の達人。理論的で常にバランス感覚が働くため、よい判断、選択ができる。八方美人で、優柔不断な面もある。共感的・公正・理想主義など。
10／24～11／22 蠍　座 ♏	真っ正直で努力家、物事の本質を追求する力に優れ、洞察力の天才。一見、人がよくて物静かだが、12星座一の個性派。情愛、憎しみ、嫉妬深さは人一倍強い。信仰的・野心的・執着心・秘密主義など。
11／23～12／21 射手座 ♐	博識で、慎重で常識的な面と破天荒で開放的な面を兼ね備えた性格。多くの体験から成長していくタイプ。根は寛容で楽観的。外交的・発展的・素直・無頓着・誠実・フレンドリー・リーダーシップなど。
12／22～1／20 山羊座 ♑	自己に厳しく野心家、長期展望を掲げて成功するタイプ。生まれたときから背負っているものがあり、マイナス発進。孤独で悲観的な面も。実践的・保守的・秩序・倹約・憂鬱・自制心など。
1／21～2／18 水瓶座 ♒	潔く清い性格で、理論派で頑固。卓越した能力あり、生き方は独創的だが、先を行き過ぎてしまうと周囲に理解されず孤独になる。社会活動に熱心。革新的・人道主義・神経過敏・独善的、冷淡など。
2／19～3／20 魚　座 ♓	同情心に富み、優しく、時代の流れに敏感で芸術的センスを持つ。自分自身に陶酔しやすく、時に現実逃避的になる。本質は天使と悪魔の両面を持ち理解しがたい。奉仕的・自己犠牲・夢想的など。

太陽の運行の変化によって星座の期間が変わるため、掲載された期間は目安となります。本書では、この期間を使って占います。正確な期間は、出生時間・場所を入力して作成したホロスコープでわかります。

STEP 1

12太陽星座×デークの星座から「潜在的な性格」を読み解くレッスン

12太陽星座の期間を、さらに約10日ずつの3分割する「デーク」。
「潜在的な性格」を36通り鑑定できるのが
「12太陽星座」×「デークの星座」を使った方法です。

「デーク」は、第1・第2・第3に分かれ、各太陽星座に影響を及ぼす「デークの星座」を持っています。同じ星座なのに「タイプが違う」のは「デークの星座」が影響しているためです。

「第1デーク」は、太陽星座と「デークの星座」が同じため、その星座の特徴が最も強く現れます。「第2・3デーク」は、太陽星座と「デークの星座」が異なります。太陽星座とデークの星座の組み合わせから「潜在的な性格」を読み解きましょう。

占う手順

①「デーク早見表」で、誕生日からデークを確認する。
②デークを支配する、もうひとつの星座を確認する。
③「各星座のデーク解説データ（P13～P23）」を確認する。
＊さらに深く読み解くには、STEP2の「パーソナリティ」（P13～P23）を読み解いて占いしましょう。
＊各デークの最初が誕生日の場合は前のデークを、最後が誕生日の場合は次のデークも参考に。

読み解くポイント

ホロスコープで読み解くときの「デーク」を見極めるポイント

●第1・3デークの境目の誕生日は、前後の星座も確認

たとえば、牡羊座の第1デークの3月21日は「魚座の第3デーク」の影響を、第3デークの4月19日の場合は「牡牛座の第1デーク」の影響を受けます。そのため、牡羊座とその前後の星座のデークを読み解く必要があります。

●正確なデークは、ホロスコープから読み解こう

惑星の動きから導き出すデークの度数は、その年の惑星の動きによって変わるため「デーク早見表」はあくまで目安。占うことに慣れたら、第4章のコラム「出生時間で作成したホロスコープで正確なデークを読み解こう」（P127）を参考に読み解いてみましょう。

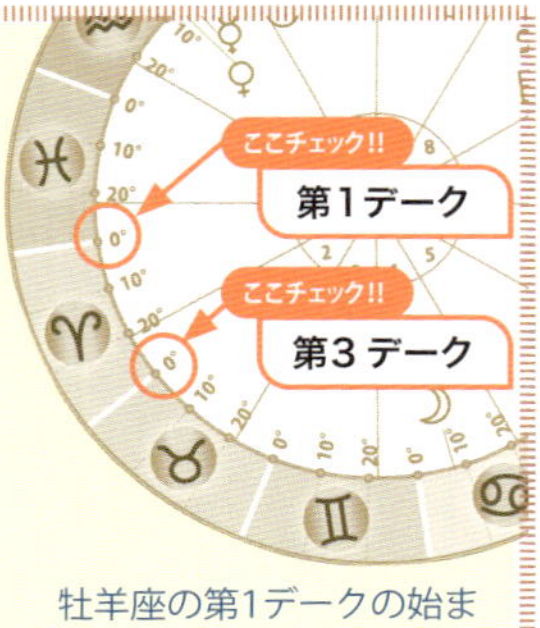

牡羊座の第1デークの始まりは魚座の第3デーク、第3デークの最終日は牡牛座の第1デークが影響する

隠れた意識や
才能を見つけ
てあげよう！

12太陽星座のデーク早見表

占う人のデークを知るための早見表です。各デークには「潜在的な性格」に影響を与えるもう一つの星座があり、本人も気がつかない面を発見できます。

星　座	第１デーク	第２デーク	第３デーク
♈ 牡羊座	3月21日〜3月30日 ♈	3月31日〜4月9日 ♌	4月10日〜4月19日 ♐
♉ 牡牛座	4月20日〜4月29日 ♉	4月30日〜5月9日 ♍	5月10日〜5月21日 ♑
♊ 双子座	5月22日〜6月1日 ♊	6月2日〜6月11日 ♎	6月12日〜6月21日 ♒
♋ 蟹　座	6月22日〜7月1日 ♋	7月2日〜7月11日 ♏	7月12日〜7月22日 ♓
♌ 獅子座	7月23日〜8月1日 ♌	8月2日〜8月11日 ♐	8月12日〜8月22日 ♈
♍ 乙女座	8月23日〜9月1日 ♍	9月2日〜9月11日 ♑	9月12日〜9月22日 ♉
♎ 天秤座	9月23日〜10月2日 ♎	10月3日〜10月12日 ♒	10月13日〜10月23日 ♊
♏ 蠍　座	10月24日〜11月3日 ♏	11月4日〜11月13日 ♓	11月14日〜11月22日 ♋
♐ 射手座	11月23日〜12月2日 ♐	12月3日〜12月12日 ♈	12月13日〜12月21日 ♌
♑ 山羊座	12月22日〜12月31日 ♑	1月1日〜1月10日 ♉	1月11日〜1月20日 ♍
♒ 水瓶座	1月21日〜1月30日 ♒	2月1日〜2月10日 ♊	2月11日〜2月18日 ♎
♓ 魚　座	2月19日〜2月28日 ♓	3月1日〜3月10日 ♋	3月11日〜3月20日 ♏

＊うるう年について　2月29日は「魚座・第１デーク」に入ります
＊太陽の運行の変化によって星座の期間が変わるため、それぞれのデークの期間は目安となります。

GOOD POINT グッドポイント＝長所　WEAK POINT ウィークポイント＝短所

♈ 牡羊座

第1デーク

牡羊座×牡羊座
3月21日～3月30日

GOOD POINT 牡羊座のトップに位置することもあり、単純、ストレートな性格がそのまま表面に出てきます。牡羊座そのままに闘争心が強く、負けず嫌いで困難なことにも勇気を持ってあたり、女性も男性的な思い切りのよさを発揮します。

WEAK POINT 言動がきつく、すぐにカッカくるなどの短所も目立ちますが、根に持つことはありません。行きあたりばったりの部分もあります。

第2デーク

牡羊座×獅子座
3月31日～4月9日

GOOD POINT 牡羊座の激しさに太陽のような陽気さが加わります。牡羊座はあまり身をきらびやかに飾ることはないのですが、このデークに生まれていると華やかなものを好み、注目を集めることが好きです。

WEAK POINT 正義感も強く、人前でなにかする度胸も備わっているのでリーダーシップを発揮しますが、実力がないのによく見られたい願望が強くなると高慢な態度をとってしまうことも。

第3デーク

牡羊座×射手座
4月10日～4月19日

GOOD POINT 牡羊座の鋼のような強さに、大らかさが加わり、牡羊座の中では最もゆったりした雰囲気を持ち、何ごとにも寛大です。規律や秩序、法律にも忠実でありたいという生真面目さもあります。

WEAK POINT 大らかなのはよいけれど、牡羊座の行きあたりばったりの性格と合わさることで計画性のなさが目立ちます。しっかりしているようで、経済面などはルーズになる傾向も。

♉ 牡牛座

第1デーク

牡牛座×牡牛座
4月20日～4月29日

GOOD POINT 牡牛座の性格が2倍に強まります。温和な性格で多くの人に愛される人です。牡牛座の影響を多く受け、美食や美しいものへの探求心など、快楽主義的な傾向も強まります。

WEAK POINT 贅沢なものに執着し過ぎてしまい、無理して高価なものを買い求めてしまって、経済的な面でピンチになることも。経済面の問題で人生のバランスを崩さないようアドバイスを。

第2デーク

牡牛座×乙女座
4月30日～5月9日

GOOD POINT 牡牛座の性格に乙女座の知的な性格が加わります。仕事や興味のある事柄に力を注ぎ、イキイキと生活を楽しみます。のんびり屋さんの牡牛座ですが、このデークの人は好奇心旺盛で行動力もあるため、常に動いている印象を与えます。

WEAK POINT 牡牛座の慎重で疑い深い性格に繊細さが加わり、気を使い過ぎて人間関係で疲れることも。時にはのんびりするようすすめてあげましょう。

第3デーク

牡牛座×山羊座
5月10日～5月21日

GOOD POINT 牡牛座の性格に山羊座のおだやかな人柄と誠実さ、努力家の性質が加わります。牡牛座の中でも最も経済的に成功するタイプです。土地、不動産運がよく、財産をつくる才能に恵まれています。

WEAK POINT 倹約家も度が過ぎてしまう傾向があり、人間関係に支障をきたすことも。ギスギス感は土をいじることで解消させましょう。人間関係も円滑になるはずです。

GOOD POINT グッドポイント＝長所　WEAK POINT ウィークポイント＝短所

双子座

第1デーク

双子座×双子座
5月22日〜6月1日

GOOD POINT 双子座がダブルになり、鋭い観察力、論理的な思考、情報収集力やコミュニケーション力や賢さは人一倍きわ立ちます。

WEAK POINT 商才に長け、世間をうまく泳いで渡る才能を持っていますが、せっかちであるのが玉にキズ。少々神経が細くて心配性な傾向があり、人への気づかいなど細かく気を配る分、精神的に疲れやすいかも。睡眠など、ほどよい休養をすすめてあげて。

第2デーク

双子座×天秤座
6月2日〜6月11日

GOOD POINT 双子座に加えて、天秤座の影響を受けているので、双子座の中では最もおしゃれで協調性があり、人気者になる素質を備えています。人への気づかいが上手で、それが成功するポイントになることも。

WEAK POINT 本人も気づかないうちに人を上手にコントロールするため、打算的な人と誤解されやすいことがあります。人づき合いでは表面的な感じにならないよう注意すれば大丈夫です。

第3デーク

双子座×水瓶座
6月12日〜6月21日

GOOD POINT 水瓶座の影響で、双子座の中で最も二面性があり、男と女双方の性格が強く表面に出ています。運命的に「自立」が決定されているともいえるので、女性も生涯働き、責任のある地位に就いて社会進出を果たすでしょう。

WEAK POINT 個性が強いタイプなので、世間や社会から浮くこともあります。けれど、自分の才能で独り立ちできていれば順風満帆の人生になります。

♋ 蟹座

第3デーク

蟹座×魚座
7月12日〜7月22日

♓

GOOD POINT 蟹座の第3デーク生まれは性格に魚座が加わり、生き方そのものがアーティスティックに。芸術分野で頭角を現す可能性があります。感性や思考が常識の枠にとらわれないため、人に理解されずに対立するようなことが起きやすいといえます。

WEAK POINT 自暴自棄に陥りやすく、健康に多大な影響を与えることもあります。自分を追い込む前に休養をすすめてあげましょう。

第2デーク

蟹座×蠍座
7月2日〜7月11日

♏

GOOD POINT 蠍座の性格が加わり、物ごとを深く考える哲学的な思考面が表れます。人間関係は「受け入れる愛」となり、どんなタイプの人も深い懐で温かく包み込みます。第2デーク生まれは、もともとある財運がさらに強くなります。

WEAK POINT ギャンブル性も持っているため、投資などは慎重に考える必要があります。財産をすべて失うか、大金持ちになるか…そんなドラマチックな運気の持ち主です。

第1デーク

蟹座×蟹座
6月22日〜7月1日

♋

GOOD POINT 蟹座の性格がさらに強くなり、大変なロマンチスト。いつも夢を追いかけているような性格です。その夢が仕事につながれば、成功へと導かれていきます。人気があって、周囲の人に自然に守られている人です。

WEAK POINT 感受性豊かで大変優しい気質なのですが、少し情緒不安定になりやすい傾向と、好き嫌いの激しいところがあります。心を平常に保つようアドバイスを。

グッドポイント＝長所　ウィークポイント＝短所

♌ 獅子座

第３デーク

獅子座×牡羊座
8月12日～8月22日

牡羊座が加わるため、獅子座の中では最も行動力があります。第３デークの中でも、乙女座に近い後半の生まれであれば、さらに行動力に拍車がかかり、よく動きよく働きます。このデークは、冒険心やチャレンジ精神も旺盛で、スポーツ選手などが多いのも特徴です。

リーダータイプですが、すべてマイペース、マイルールで考え行動しやすく、周囲の状況を把握するようアドバイスを。

第２デーク

獅子座×射手座
8月2日～8月11日

太陽の陽気さに獅子座の大らかさがプラスされ、いつもニコニコしていて温和な印象の人です。理想を掲げ、正義感が強いため、何ごともはっきりと白黒をつけることが好きです。反面、慈悲深く、宗教心もあり、奉仕活動、名誉職に就くこともあります。

自分の周囲にブランドなどの一流のものを揃えたがる傾向があり、イヤミになってしまうことも。

第１デーク

獅子座×獅子座
7月23日～8月1日

第１デークの人は、思い切り明るく、ただそこにいるだけで光輝いている人が多いといえます。膨大なエネルギーを持ち、自分の強い信念で何ごとも貫いていきます。女性でもひとかどの人物となる可能性を秘めています。

「美人ですね」といわれ、「知ってる!」と答えるうぬぼれの強いタイプ。が、周囲にはその虚勢がおもしろおかしくとらえられ、憎まれることはあまりありません。

♍ 乙女座

第3デーク

乙女座×牡牛座
9月12日～9月22日

GOOD POINT 牡牛座の影響から、美意識が強く、おしゃれで贅沢な志向が強くなります。けれど、人気もあり、人間関係はとても恵まれるため、仕事も経済面も順調です。

WEAK POINT 美意識の強さからパートナーの容姿にはこだわる傾向があり、そこに乙女座の好き嫌いの激しさが加わるため、恋人選びなどは難航するかも。表面的なことにこだわり過ぎないようにアドバイスを。

第2デーク

乙女座×山羊座
9月2日～9月11日

GOOD POINT 山羊座の影響で、乙女座の中では最も謙虚で地味なタイプとなります。次男や他家へ嫁いだ女性でも、実家や親と深い繋がりを持つ星の下に生まれているため、親子関係は密接で、関係の善し悪しが経済面に反映されることも多いといえます。

WEAK POINT 自信がなく、コンプレックスを持ちやすい性格ですが、コツコツと努力することで少しずつ自信が身についてくるタイプです。

第1デーク

乙女座×乙女座
8月23日～9月1日

GOOD POINT ダブルの乙女座は、とても真面目で完璧主義、潔癖主義でもあります。しゃべること、考えること、働くことが好きで能率よく仕事をこなし、商才もあります。旅や文章を書くことは、このデークの人にとって心の栄養になります。

WEAK POINT つい他人にも完璧さを求めてしまうところがあります。よい人間関係を築くためにも、あまり堅苦しくならずに寛容さを持つようにアドバイスしてあげましょう。

GOOD POINT ▲ グッドポイント＝長所　WEAK POINT ▼ ウィークポイント＝短所

♎ 天秤座

第3デーク

天秤座×双子座
10月13日〜10月23日

♊

GOOD POINT ▲ 天秤座の性格に双子座の性格がプラスされて、知的で軽やか、しなやかな人間関係を築くことができるタイプです。知性を高めたいという欲求も強く、人との距離感も的確でだれとでも輪を保つことのできる才覚を持っています。人を指導する立場で能力を発揮する人です。

WEAK POINT ▼ 利発さや口の達者さが災いして、相手を不快にさせることも。知的な人なので、欠点を指摘しない表現でアドバイスを。

第2デーク

天秤座×水瓶座
10月3日〜10月12日

♒

GOOD POINT ▲ 水瓶座の性格が加わるので通常なら「友だち、知人が多く人気者」ぐらいが、団体や企業などのリーダーや世界平和・人類の幸せを追求する大きな器へと変貌します。高い社会性を持ち、常に理想を追いかけるタイプです。

WEAK POINT ▼ 水瓶座が持つ「急変・改革」の影響を受けると予測できない波乱の人生となるため、第4章・土星で転機を読み解いてアドバイスをしてあげましょう。

第1デーク

天秤座×天秤座
9月23日〜10月2日

♎

GOOD POINT ▲ 天秤座の如才ない性格を非常に強く持ち、みんなから愛される人です。美的な探求心や感覚が鋭く、芸術をはじめ、コスメなどの美容関係の美の世界で成功する才能を持ち合わせています。贅沢思考に走らなければ、経済的にも安定した人生です。

WEAK POINT ▼ 八方美人でだれにでもいい顔をしてしまう傾向があり、優柔不断になって、なかなか結論を出せないことも。

♏ 蠍座

第1デーク

蠍座×蠍座

10月24日～11月3日

♏

GOOD POINT 地下の帝王の星・蠍座は、どんなところでもキングやクィーンに君臨する存在です。蠍座は隠れたものを追求する星なので、捜査、研究、創造などに才能を発揮します。顔には出しませんが、負けん気と不屈の闘志も人一倍持っています。

WEAK POINT 蟹座の働きも2倍となるため強烈な個性を放ち、他の人から「変わり者」「得体の知れない人」と思われることも。

第2デーク

蠍座×魚座

11月4日～11月13日

♓

GOOD POINT 蠍座の特徴である芯の強さは、魚座のベールに包まれています。ソフトな印象を与えますが、本来は情熱的です。理想主義者で集中力もあります。興味を持ったものへの探求心も旺盛で、その道のスペシャリストになるでしょう。

WEAK POINT パワーや情熱が悪い面で出ると、人間関係での未練や執着、波乱の人生へと向かう傾向があり、集中して打ち込めるものを見つけてあげることが大切とアドバイスを。

第3デーク

蠍座×蟹座

11月14日～11月22日

♋

GOOD POINT 蠍座と蟹座の組み合わせは、感情が実に豊かです。自分の興味や感情のおもむくままに行動しようとします。また、人気運を示しているので、常に多くの人たちに囲まれます。

WEAK POINT 蟹座の影響が無意識に出て、情が深すぎる傾向があります。そのため、周囲の人に頼られて迷惑をかけられることも。蠍座の本質を見抜く力を発揮して回避するようアドバイスを。

GOOD ▲ POINT グッドポイント＝長所　WEAK ▼ POINT ウィークポイント＝短所

♐ 射手座

第1デーク

射手座×射手座
11月23日～12月2日

♐

GOOD ▲ POINT 蟹座の守護星である幸運な星・木星をダブルで持つ、実にラッキーな人。生まれつき3割増しのツキを持つうえに、ポジティブで楽観的な性格がさらにツキを生みます。広い視野と判断力を持ち、迅速に行動する理想主義者。外国にも縁が深く、行動範囲は日本を飛び出すことも。

WEAK ▼ POINT 幸運にあぐらをかいていると棚ぼた式の幸運も逃げてしまいます。幸運を持続するために、怠惰や油断は禁物とアドバイスを。

第2デーク

射手座×牡羊座
12月3日～12月12日

♈

GOOD ▲ POINT 射手座に牡羊座の性格が加わり、大胆で行動的なタイプ。射手座の中で最も野性的でエネルギッシュ、すさまじい攻撃力を持っています。自分を追い込んで、だれもやらないような仕事、事柄にチャレンジします。旅にも縁があり、国際的に活躍する暗示も。

WEAK ▼ POINT 周囲の状況を考えない図々しさが問題となり、孤立することも。心意気を大切にする射手座の長所を活かすアドバイスを。

第3デーク

射手座×獅子座
12月13日～12月21日

♌

GOOD ▲ POINT 獅子座の影響で、射手座の中では最も華やかな雰囲気を持つため、自然と中心的人物となります。射手座の寛大さに、獅子座の慈悲深い心も加わり、正しく振る舞おうとする品行方正な人です。

WEAK ▼ POINT 高級志向があり、一流のものを好むあまりに生活の判断が狂ってしまい、経済的に大変になるかも。贅沢なクセをつけないよう、射手座の意志の強さをアップするよう導いてあげましょう。

山羊座

第３デーク

山羊座×乙女座
１月 11 日〜１月 20 日

GOOD POINT 山羊座の性格に乙女座の性格がプラスされるので、実務的な能力の持ち主となります。山羊座は仕事に縁の深い星ですが、とくに第３デークはその傾向が強まり、金運も上昇します。また、乙女座の影響で客観的で理論的な判断ができるため、人生に失敗が少ないといえます。

WEAK POINT クール過ぎる面もあり、冷たい印象を与えてしまわないようにアドバイスを。

第２デーク

山羊座×牡牛座
１月１日〜１月 10 日

GOOD POINT 山羊座は照れ屋でシャイなのですが、牡牛座の影響から、華やかな雰囲気を持つ社交家となります。派手ではありませんが、上品でエレガントなおしゃれが得意。美しいものも好きで、高い美意識を持つため、音楽、芸術、舞台、インテリアなどにも興味を持ち、長年かけていくつかの趣味を極めるタイプです。

WEAK POINT 少し欲張りなところが弱点なので、セーブすることが必要とアドバイスを。

第１デーク

山羊座×山羊座
12 月 22 日〜 12 月 31 日

GOOD POINT 慎重でおとなしく内気、目立つことが嫌いで最も山羊座らしい山羊座です。自己評価が低く、悲観的な考えに陥りやすい傾向がありますが、山羊座の野心家の面も持っています。計画的にコツコツ努力することが得意なしっかり者です。

WEAK POINT 家長的な役割を果たす運命が強く、堅苦しいほど責任ある生き方をします。人生を楽しめないので、時にはハメをはずすことで気分転換が必要です。

GOOD POINT グッドポイント＝長所　WEAK POINT ウィークポイント＝短所

♒ 水瓶座

第3デーク

水瓶座×天秤座
2月11日～2月18日

GOOD POINT 水瓶座に天秤座の温和な性格がプラスされるので、とても話しやすい、如才ないタイプです。世のため、人のために活動することも得意とし、周囲から愛される人です。みんなの中心となり、人と人をつなぐ役割を果たします。

WEAK POINT 力がないのになんでもやりたがるため、ときに調子がいいと思われることも。また、世渡りが上手で愛すべき存在であるため、甘やかされてしまう傾向があります。

第2デーク

水瓶座×双子座
2月1日～2月10日

GOOD POINT 双子座の影響も受けているため、天才的なヒラメキや学術研究などの能力など、知的分野ならどんな分野に進んでも飛び抜けた能力を発揮する人です。さらに、高い理想を持っていれば、世界をベースに人生を歩む可能性もあります。経済的にも安定しています。

WEAK POINT 周囲より先の方へ考えがいってしまい、意志の疎通を欠くことも。得意のコミュニケーション力を発揮するようすすめて。

第1デーク

水瓶座×水瓶座
1月21日～1月31日

GOOD POINT 水瓶座の力が一番強まっているデークです。「変わり者」の度合いが一番強く、人とは違うという意識を持ちやすいようです。実際、独得な人生観の持ち主といえるでしょう。知性的で進歩的、フレンドリーなど、よい面を多く持ち合わせています。

WEAK POINT 頑固な部分があり、自分流にこだわるがために孤立しやすい傾向も。意志を自由に表現できる場が才能を伸ばしてくれます。

♓ 魚座

＊うるう年について　2月29日は「魚座・第1デイク」に入ります

第3デーク

魚座×蠍座
3月11日〜3月20日

♏

GOOD POINT　帝王の星・蠍座の影響を受けて、第3デークの魚座は支配者になりたがる性質を持ちます。そのため、目標を定めたら死ぬ気で邁進し、魚座の中で最も努力することに時間を費やすタイプです。

WEAK POINT　元来消極的でおとなしい性格なのに、いきなり激怒して自己主張するなど感情も激しくなります。つまり、表裏一体の行動や言動が多く、ある意味「わかりにくい性格」といえるでしょう。

第2デーク

魚座×蟹座
3月1日〜3月10日

♋

GOOD POINT　蟹座の影響があることから、いつも人から注目されます。母性愛、父性愛などの保護本能が強く、優しい情愛に満ちている人です。

WEAK POINT　喜怒哀楽の起伏や感情移入が激しく、情愛が深い分だけありがた迷惑になる場合もあります。理論よりは感情優先となるので、筋が通らないこともしばしばですが、魚座のインスピレーションと蟹座の感性が創造的な能力を授けています。

第1デーク

魚座×魚座
2月19日〜2月28日

♓

GOOD POINT　どんなときも、常に人のことを考えている、最も魚座らしい人です。情愛も深く、自分のことは後回しにして周囲の人のために尽くす、自己犠牲的な行動ができるタイプです。理論的な思考は苦手ですが、優れた直感力や感受性で物ごとを判断していきます。

WEAK POINT　感性で判断するため、人に理解してもらえず逃避的になることがあります。自分の思考を伝えることをすすめてあげましょう。

4つの要素でプロ並みに占う！「パーソナリティ」

星座をさらに詳しく占うために4つの要素「守護星」「エレメント」「クオリティ」「ジェンダー」で占いましょう。占う人の本来の気質・才能・思考傾向などを表す「パーソナリティ」を見極められます。

「パーソナリティ」を見極める4つの要素

人間の性格や人生の傾向は単純ではなく、さまざまな要素が複雑にからみ合って成り立っています。そのため、性格は派手で賑やかな人でも、人生全体は地味で落ち着いていることもあります。

そこで〈STEP1で読み解いた潜在的な性格＋12星座の4つの要素〉を読み解いて、プロ並みに性格や個性などの「パーソナリティ」を正確に見極める必要があります。

4つの要素とは、

- **●生命力や原動力を表す 10の「守護星（惑星）」**
- **●性質と価値観の方向性を表す 4つの「エレメント」**
- **●行動パターンを表す 3つの「クオリティ」**
- **●自己評価を表す 2つの「ジェンダー」**

この4つの要素は、「12星座」同様に占星術では欠かすことのできない需要なアイテムです。

「4つの要素」の基礎知識と読み解く内容をご紹介しますので、しっかりと覚えましょう（P24～P27参照）。

生命力や原動力を表す 12星座の「10の守護星（惑星）」

12星座には、星座を守護する「惑星」がついており、各星座に影響を与えています。10の惑星は「太陽」「月」「水星」「金星」「火星」「木星」「土星」「天皇星」「海王星」「冥王星」です。

各惑星には、基本的な特徴（意味やキーワード）があって（P25「10の守護星の基本知識」参照）、デークで解き明かした「潜在的な性格」よりもさらに深い「パーソナリティ」を読み解くための役割を果たします。

また、ホロスコープを使うときにも、この「10惑星」が大変重要な役割を担います。

それぞれの守護星（惑星）の意味やキーワードは、占うときにとても大切なもの！

12星座の「10の守護星（惑星）」の基本知識

4つの要素のひとつである「12星座の10守護星（惑星）」は、それぞれ意味やキーワードを持っています。守護星（惑星）が、人生にどのようにかかわっているかは占星術で大変重要な役割を担います。

守護星（惑星）	意味・キーワード
太陽 ☉	**「生命力と権威のシンボル」を示す。獅子座の守護星。** 色＝イエロー。＜個人の本質、目的意識＞を表し、「どのように本質を生かし、どのような目的を持って活動するのか」を意味する。活力・陽気・豪快・虚栄など。
月 ☽	**「無意識な反応や意識のシンボル」を示す。蟹座の守護星。** 色＝ホワイト。＜人格の基礎、感情＞を表し、「素の自分の感情をどのように伝えるのか」を意味する。母性・家庭・変動・敏感・飲食・幼児・住まい・ホテルなど。
水星 ☿	**「知性とコミュニケーションのシンボル」を示す。双子座・乙女座の守護星。** 色＝水色。＜外部への伝達＞を表し、「自己の存在をどのように外部へ発信し、交流するか」を意味する。知識・話術・商才・移動・外交など。
金星 ♀	**「愛と欲望のシンボル」を示す。牡牛座・天秤座の守護星。** 色＝パステルカラー。＜感受性や楽しむ能力＞を表し、「どのようなものに惹かれ、好み、楽しむか」を意味する。快楽・恋愛・平和・お金・美意識・結婚など。
火星 ♂	**「勇気と戦いのシンボル」を示す。牡羊座の守護星。** 色＝レッド。＜積極性と仕事＞を表し、「社会でどのように行動し、積極的に自分を打ち出すか」を意味する。攻撃・勇敢・度胸・競争・短気・脳・筋肉など。
木星 ♃	**「発展と名誉のシンボル」を示す。射手座の守護星。** 色＝ネイビー。＜拡大、発展、寛容＞を表し、「社会でどのように受け入れられ、どのように成功するか」を意味する。成功・名誉・正直・楽観的・自己過信・外国など。
土星 ♄	**「努力と冷血のシンボル」を示す。山羊座の守護星。** 色＝ブラック。＜制限、厳格、自己管理＞を表し、「与えられた試練をどう克服し、前に進んでいくか」を意味する。忍耐・憂鬱・冷静沈着・慎重・悲観的・長男長女など。
天王星 ♅	**「発明や発見と変革のシンボル」を示す。水瓶座の守護星。** 色＝蛍光色。＜変化、改革、独自性＞を表し、「人生で突発的に、どんな変化や改革が起こるのか」を意味する。理想・偏向・個性的・天才肌、個人主義など。
海王星 ♆	**「幻想と理想のシンボル」を示す。魚座の守護星。** 色＝ブルー。＜神秘性、無意識、忘我＞を表し、「無自覚で抱えている問題は、なにか」を意味する。インスピレーション・曖昧・同情心・自己憐憫・夢・宗教・芸術など。
冥王星 ♇	**「破壊と創造のシンボル」を示す。蠍座の守護星。** 色＝ワインレッド。＜死と再生、強制的変化＞を表し、「安定した日常を根本的に変える大変動は、なにか」を意味する。執念・生死・セックス・破壊と再生・無味無臭など。

性質と価値観の方向性を表す
12星座の4つの「エレメント」

12星座で似たような性質、価値観を持つ星座を3つずつ、「火・地・風・水」に当てはめたものです。

「火・地・風・水」は、それぞれに特有の性質を持っていて、その人の行動や考え方、価値観に影響を与えます。エレメントからは、「性質と価値観の方向性」を読み解きます。

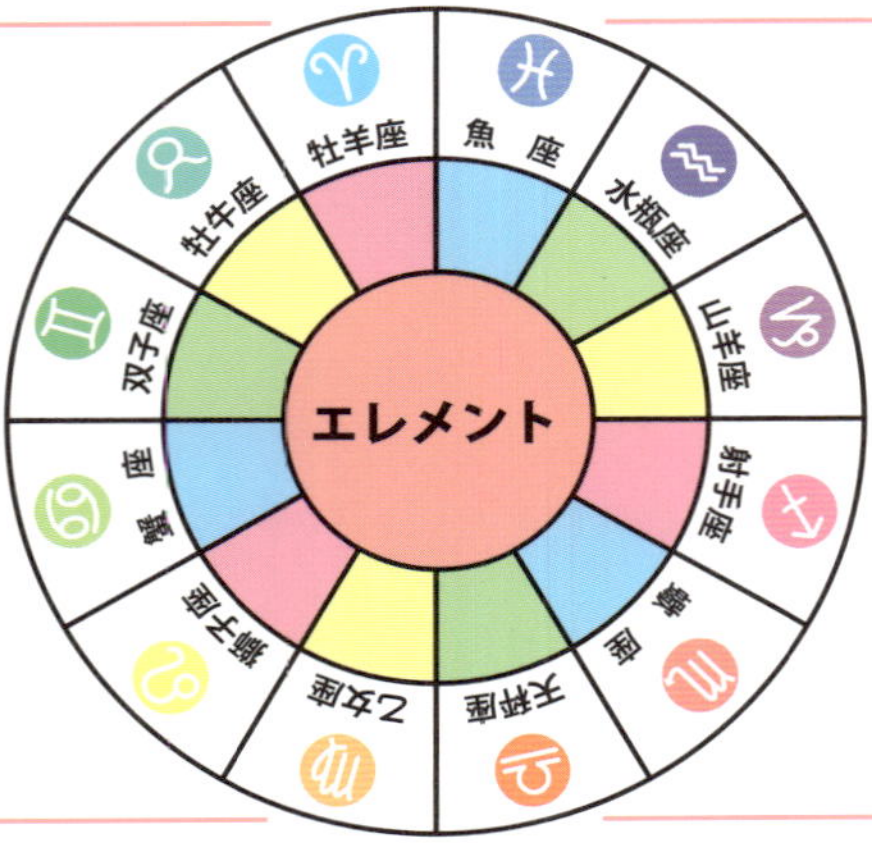

行動パターンを表す
12星座の3つの「クオリティ」

12星座は、それぞれが「活動宮・不動宮・柔軟宮」に属し、「行動パターン」を表します。

12星座を3等分して「活動宮＝季節の始まりにあたる星座」「不動宮＝季節の最盛期」「柔軟宮＝季節が移り変わる時期」を表し、「行動パターンの傾向」を見極めます。

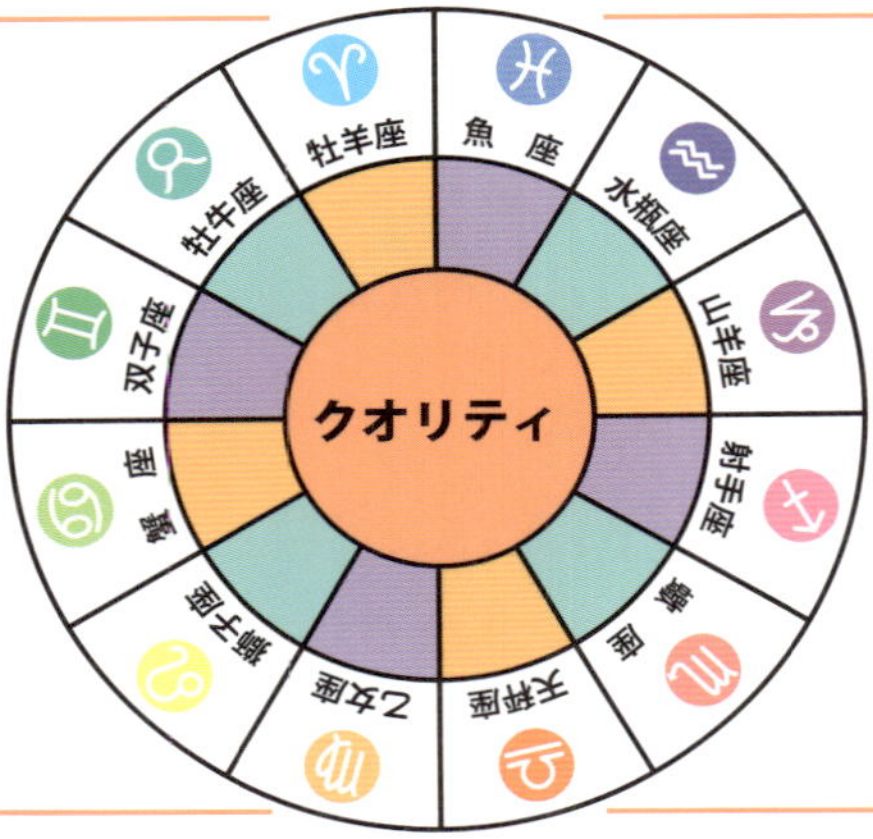

自己評価を表す
12星座の2つの「ジェンダー」

12星座は、それぞれが「男性宮・女性宮」に属し、「自己評価」を表します。

「男性宮・女性宮」は性別のことではなく、自らの意識や関心の方向性や行動の起こし方など、「自分自身が自らをどう見ているのか＝自己評価」を読み解きます。

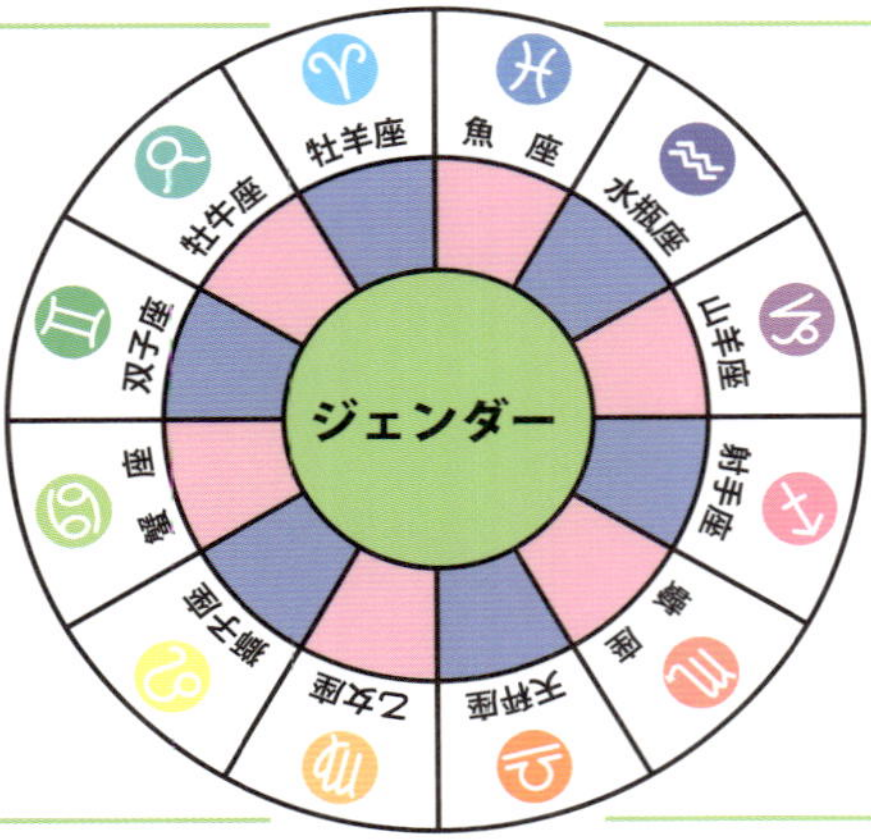

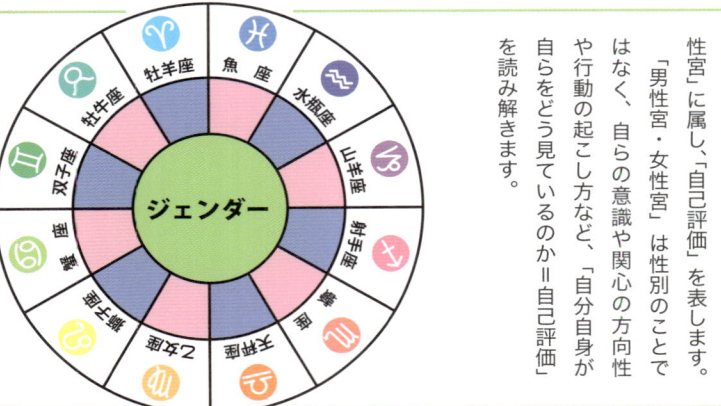

火の宮	火は「情熱や直感を重視する」。旺盛な欲望と向上心、明るく情熱的で理想に向かって邁進する。火のエネルギーが過多だと冷静を欠き、強引になる、思慮に欠けることも
地の宮	地は「物ごとをしっかり捉え、実現する」。地に足の着いた生活を好み、実務的な能力に優れ、慎重で堅実に努力を重ねる。反面、視野が狭い、こだわりで頑固になる面も
風の宮	風は「自由に動き、物ごとの流れを客観的に判断する」。知的好奇心が強くて論理的。コミュニケーション能力に長け、全体の流れを重視する反面、情緒的に欠けることも
水の宮	水は「感受性と共感性を重視する」。共感能力が高く、感覚的で豊かな感受性に富み、心理的表現力に長けている。 反面、影響を受けやすく自己意思が希薄になることも

活動宮	初春、初夏と呼ばれる「季節のスタートの時期」。積極的に働きかけ、物ごとをスタートさせるのが得意。ただ、勢いがある分、忍耐や粘り強さには欠ける部分がある
不動宮	真夏・真冬と呼ばれる「季節の盛りの時期」。結果が出るまで腰をすえて取り組むのが得意。確固たる信念を持つため、頑固で気難しい印象を与えてしまうことも
柔軟宮	春から夏へなど「季節の移り変わりの時期」。築き上げた状態をつぎのステージへさらに発展させていくのが得意。変化に柔軟だが、周囲の影響を受けやすい傾向も

男性宮	自らを外向的で社交的、考えや思考を積極的に表現でき、さらなる前進・発展を望むと評価する傾向。行き過ぎると自己主張が強くなることも。能動的・主観的など
女性宮	自らを内向的で考えや思考を表現するのが苦手、周囲からの影響を受けやすいと評価する傾向。保守的だが芯が強く、目的を達成させる。受動的・客観的・直感的など

STEP 2

4つの要素× 12太陽星座から「パーソナリティ」を読み解くレッスン

ホロスコープを使わず、4つの要素と12太陽星座で「パーソナリティ」を読み解きます。STEP1の「潜在的性格」と合わせて読み解くことで、さらに深く性格を知ることができます。

占う手順

①太陽星座の「守護性」を「12星座の10の守護星に基本知識」(P25)で確認する。
②占う人の「エレメント」「クオリティ」「ジェンダー」(P26～P27)を確認する。
③「4つの要素の数値表」(P29)で「守護星」「エレメント」「クオリティ」「ジェンダー」の数値を確認する。
④4つの要素の影響度合いを「パーソナリティの解説データ」(P30～P 41)で読み解き、「パーソナリティ数値グラフ」から数値が示すアドバイス方法と欄外の「アドバイス・トークのポイント」をチェックする。
⑤さらに、「12太陽星座の基本的な性格」(P9)と「STEP1 潜在的性格の解説データ」(P12～P23)を合わせて読み解いて占う。

占うコツ

両親も占って、「パーソナリティ」の正確さをup!

生まれてから一緒にいる両親の影響は、思いのほか大きなものです。

年齢に関係なく親の影響を大いに受けている場合は、占ったときに本来の性格が表に出ないことがあります。そのため、両親の星座の特徴も同時に占うことで、さらに正確にパーソナリティを占うことができます。

４つの要素の数値で「パーソナリティ」を読み解く方法

「生命力や原動力＝守護星」、「性質と価値観の方向性＝エレメント」、「行動パターン＝クオリティ」、「自己評価＝ジェンダー」を数値化することで、簡単に12太陽星座の「パーソナリティ」を読み解くことができます。

「４つの要素の数値表」と「パーソナリティ数値グラフ」を使いこなそう

「４つの要素の数値表」は、パーソナリティの中でどの要素が影響するのかを表します。数値が大きいほど、その要素が与える影響が強い傾向といえます。また、アドバイス方法の方向性は「パーソナリティ数値グラフ」の「★印の数値」を参考にします。さらに、欄外の「アドバイスのポイント」を合わせればよりよいアドバイスを行うことができます。

パーソナリティ数値グラフ

ここチェック!!

牡羊座 情熱的でエネルギッシュな ナンバー１を望む戦士

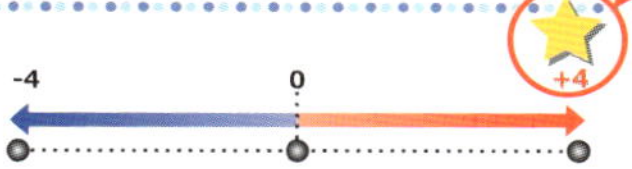

数値が示すアドバイス方法

＋	自己を主張する人なので、まずは相手に話をさせてからアドバイスを。
０	ほどよく自分を表現できる人なので、話をよく聞いてあげてからアドバイスを。
－	本心をなかなか出さない人なので、少し話をしてリラックスさせてからアドバイスを。

４つの要素の数値表

深層心理や原動力を表す 守護星

太陽 ☉	月 ☾	水星 ☿	金星 ♀	火星 ♂
＋1	－1	＋1	0	＋1
木星 ♃	**土星 ♄**	**海王星 ♆**	**天王星 ♅**	**冥王星 ♇**
0	－1	－1	＋1	0

性質を表す エレメント

水の宮	火の宮	風の宮	地の宮
－1	＋1	0	0

行動パターンを表す クオリティ

不動宮	柔軟宮	活動宮
－1	0	＋1

意識や思考パターンを表す ジェンダー

男性	女性
＋1	－1

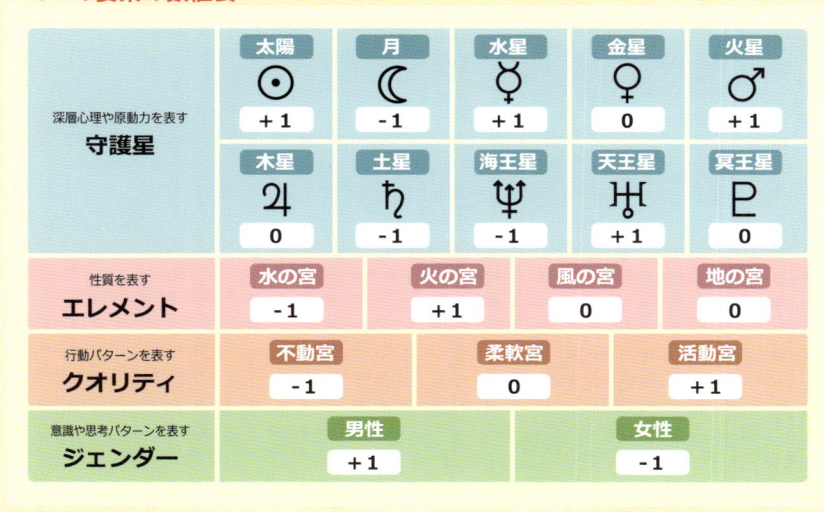

牡羊座

情熱的でエネルギッシュなナンバー１を望む戦士

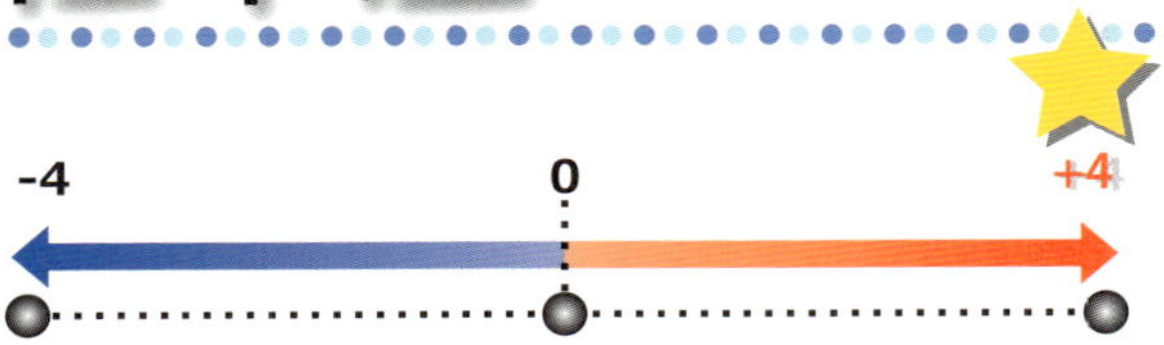

守護星
生命力や原動力

火星 ♂

+1

火星は「攻撃」の星であり、「鍛えられた勇敢な戦士」の星でとてもエネルギッシュです。負けじ魂と行動力は人一倍なので、やってしまったことより、やらなかったことを後悔するタイプ。物おじしない性格で押しも強く、交渉ごとでは自分の言い分を押し通すことが得意です。ただ、カンシャク持ちの面もあり、人と衝突することも。でも、根に持たない性格なので恨みごとを引きずりません。

エレメント
性質と価値観の方向性

火の宮

+1

火は「文明の炎」、「創造の神」を意味します。心の中には人を包む温かさと情熱を持っています。理想は高く、目的を実現させようとするあまり、時に相手をヤケドさせてしまうことも。燃えれば目立つこともあり、自分を見て欲しいという自己顕示欲が強いタイプでもあります。

クオリティ
行動パターン

活動宮

+1

12星座の中で最初の星座であることも影響して、ナンバー1であることに執着し、強い喜び、安心を感じます。ですから、何ごとも一番に行動するタイプといえます。

ジェンダー
自己評価

男性宮

+1

あまり自分を飾らず、素のままでいられるタイプ。思考もストレートではっきりと表現します。そのため、周囲と自分を見比べるというような意識が少し欠けるところもあるようです。

アドバイス・トークのポイント

あまり人の意見は聞かないことが多いので、まず自分のことを話してもらいましょう。
白黒はっきりさせるタイプなので、アドバイスはできる限り短く、端的に。

牡牛座

地道な努力を続ける エレガントなナチュラリスト

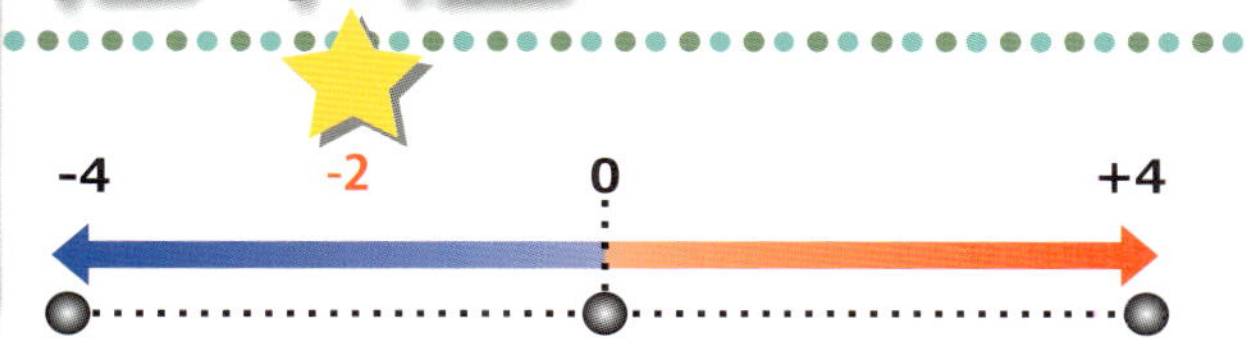

守護星 生命力や原動力

金星 ♀ 0

「美と愛」の星である金星は、美しいこと、楽しいことに大変敏感です。食べる、着飾る、鑑賞するなど、人生を楽しむことに多くのエネルギーを費やします。また、所有欲が強いことも特徴です。ただ、エレメントが「地」であることから、華やかな外見に似合わず、たのもしい農夫の一面を持ちます。真の意味で、贅沢な自然の美を愛する人でもあります。

エレメント 性質と価値観の方向性

地の宮 0

地のエレメントは、大地が作物を育てるような豊かな愛情とおだやかな人柄を表します。マイペースで感情の起伏が少なく、誠実で頼りがいのある印象を人に与えます。人間関係、生活、経済的とも安定している人が多くみられるのも特徴です。

クオリティ 行動パターン

不動宮 -1

12星座で最初の不動宮となり、「不動＝動かない」という意味がとても強い星座です。そのため頑固な面もありますが、言い換えればどんな苦難にも耐える忍耐強さを持っています。目的を遂行する能力もすばらしく、どんな困難なことでも成し遂げる強さを持っています。

ジェンダー 自己評価

女性宮 -1

牡牛座は消極的で安全第一思考なため、冒険より、継続を求めます。意識は常に内向きとなり、なかなか気分発散できないタイプ。

アドバイス・トークのポイント

慎重で臆病、頑固なので、なかなか本心を明かしません。最初から断定的な言い方をせず、よい結果から注意点などへ話の流れをつくりつつアドバイスしましょう。

双子座

多彩な才能を持つ 知性的な自由人

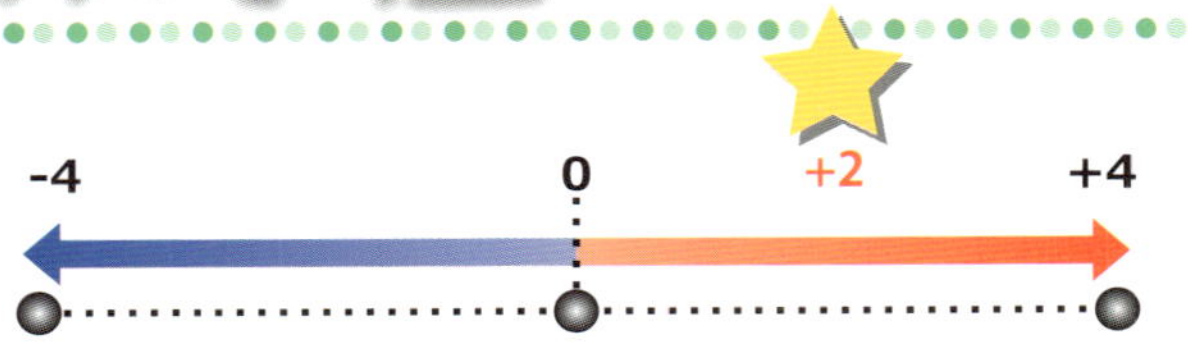

守護星 生命力や原動力

水星 ☿ **+1**

水星は「コミュニケーション」を司る星です。饒舌であり、文筆能力に長けているので、人になにかを伝えるのが得意です。好奇心旺盛で常になにかを追いかけ、情報通でもあります。人一倍ユニークな発想を持つので、理解者とめぐり合うことが大きな原動力になります。

エレメント 性質と価値観の方向性

風の宮 **0**

知性的な風は、どんなところへも軽やかに進み、さまざまなものを運ぶことを表します。しなやかな積極性を持って、知的好奇心を満たしていきます。ただ、立ちはだかるものを押しのけて進む強引さはなく、積極性は知性の面に限られることが多いといえます。

クオリティ 行動パターン

柔軟宮 **0**

12星座で最初の柔軟宮となり、最も適応力のある星座です。自由自在な感性を持つため、実に多芸多才で頭の回転も速く、あらゆる分野で能力を発揮できます。ただ、優柔不断で周囲の影響を受けやすい面も持っています。さまざまなことに対応してしまうため、精神的に疲れやすくなりがち。休養は必須です。

ジェンダー 自己評価

男性宮 **+1**

ソフトな語り口調のリーダー的な存在です。自分の得た知識を表現したい、時代をリードしたいなど、外に対する自己表現に燃えるタイプです。

アドバイス・トークのポイント

好奇心旺盛なので、興味あることを最初に占ってあげましょう。アドバイスの間に「どう思う?」と相手の意見を求めることで、さらに的確な助言を行えるようになります。

蟹座

感受性の鋭い ロマンチックな夢想家

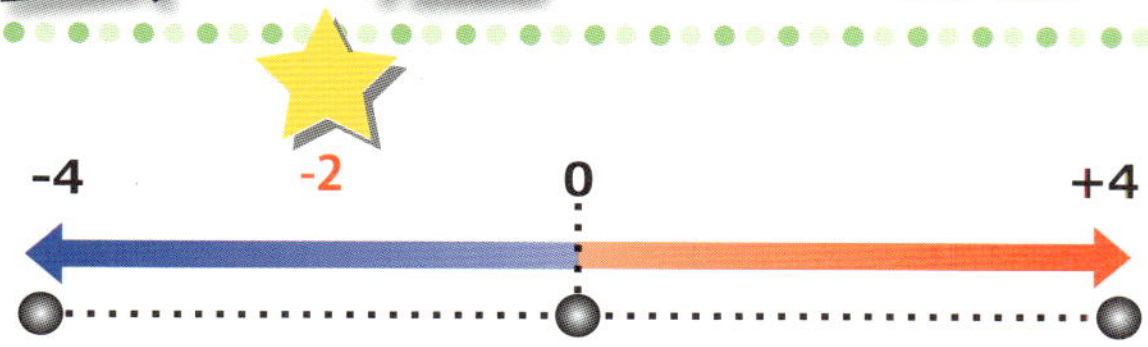

守護星 生命力や原動力

月 ☽ −1

月が新月、満月とその姿を変えるように、変幻自在な性格を持ちます。月は「イマジネーション」を意味しているため、想像力や模倣の才能などもあり、繊細な感受性でさまざまなものを生み出す力が備わっています。

エレメント 性質と価値観の方向性

水の宮 −1

水は、大地の恵みの雨となり、すべてのものを育てます。そのため、だれからも必要とされ、愛される性格を持っています。また、素直にさまざまなものを吸収するため、周囲の色に染まりやすい傾向があります。情に厚く感受性豊かなのですが、感情表現が激しく、少々ヒステリック気味な面も。

クオリティ 行動パターン

活動宮 +1

社交的・行動的で、公私ともにジャンルを問わず広範囲に行動します。その基本には、だれに対しても優しく接する情愛の深さがあり、「人のために」という観点から自然と行動範囲が広がってしまいます。反面、敵と見なすと容赦なく攻撃する面もあります。

ジェンダー 自己評価

女性宮 -1

人との交流が得意なように見えて、実は殻に閉じこもりやすいようです。自分の考えに凝り固まる傾向が見られ、意識も内へと向かいやすいといえるでしょう。そうなると、自分の思考パターンからなかなか抜け出すことができなくなります。

アドバイス・トークのポイント

とても話しやすい人ですが、好き嫌いが激しいため、表情から感情を読み取ることが大切。納得できない部分に固執するので、それを解消しながら話をしましょう。

獅子座

陽気で頑固な生まれながらの王者

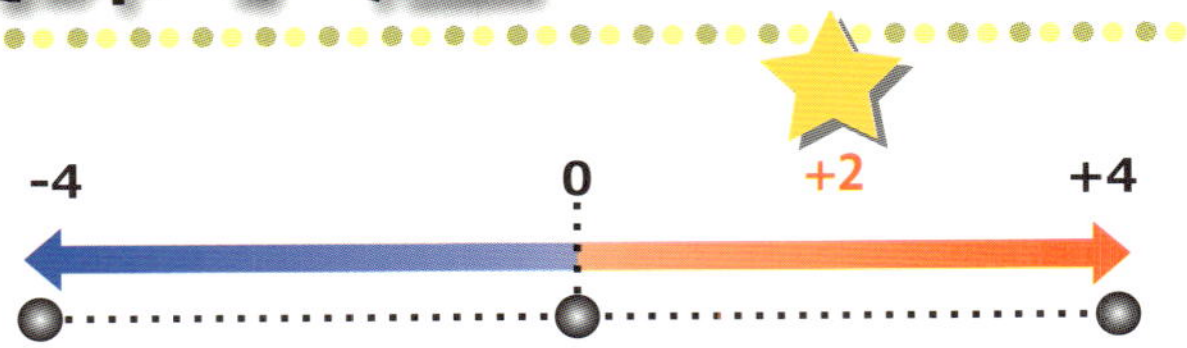

守護星
生命力や原動力

太陽 ☉ **+1**

太陽のような陽気なオーラを放つ「天衣無縫」さ、「正義と規律」を大事にする性格を持ち合わせています。若くして注目され、どの分野でもトップに君臨する人です。ただ、チヤホヤされ過ぎると怠慢、傲慢になる傾向があります。

エレメント
性質と価値観の方向性

火の宮 **+1**

大きな感情の火が炎になり、大きな松明となって周囲を照らす存在です。正義感、リーダーシップもあり、生まれながらにして常に尊敬され、偉業を成し遂げるほどの情熱を持っています。ただ、炎が大きくなり過ぎると、できない理想を吹聴して評判を落とすことも。芸術やスポーツにも縁が深い星座です。

クオリティ
行動パターン

不動宮 **-1**

性格的にキング&クイーンであるため、人を上手に使って自らが進んで面倒なことに手を染めたり、動くことはほとんどありません。しかし、いざとなると情熱的に行動し、頼りになります。ただ、腰が重く行動するまでに時間がかかります。

ジェンダー
自己評価

男性宮 **+1**

不変性にこだわる人です。変わらないことに価値を見いだすので、女性でも男性的な強い意志で永遠の美、永遠の地位、永遠の愛などにこだわり、追求していきます。いつも笑顔でおとなしく見えますが、内面には驚くほどの強さが隠れているといえます。

アドバイス・トークのポイント

プライドが高く、あまり自分のことは話しません。はっきりとした態度を好むので、端的な伝え方を。あまり占いが好きではない人が多いので無理強いは禁物。

乙女座

理性が優先のこだわりを持つ努力家

守護星
生命力や原動力

水星 ☿ **+1**

「コミュニケーション」の星・水星は、「知性」の星でもあります。緻密な計算性を持ち、実務に適しています。趣味は幅広く、いろいろなことに興味を持ち、プロ並みに極めます。感情より理性が優先のクールなタイプですが、茶目っ気たっぷりな真逆な面もあります。

エレメント
性質と価値観の方向性

地の宮 **0**

現実的で、大地に足のついた性格です。しっかりと働き、義務を果す真面目なタイプ。どんなトラブルにも負けず、コツコツと努力して多くの人の信頼を得ます。ただ、こだわりが強いため、人生のビッグチャンスを逃すこともあります。

クオリティ
行動パターン

柔軟宮 **0**

優れた観察力の持ち主です。柔軟な思考力で、あらゆる角度から考えてよりよい答えを人生に求めていきます。広い視野でハイクオリティな結果を生み出します。ただ、考え過ぎると先に進めなくなります。批判精神も旺盛ですが、辛辣《しんらつ》なわりには行動が伴わない優柔不断な面もあります。

ジェンダー
自己評価

女性宮 **-1**

女性宮なので本質的には内気で用心深いところがあり、本心は人づき合いに苦手意識があります。実力以上の夢や希望を持たない現実的な面がありますが、本来ロマンチックな思考ベースを持っているといえます。

アドバイス・トークのポイント

理屈が先行するので、あまり占いを信じない傾向が。占星術とはどんなものかを理解してもらいましょう。コミュニケーションがとりやすくなります。

天秤座

美を愛する ソフトなムードの社交家

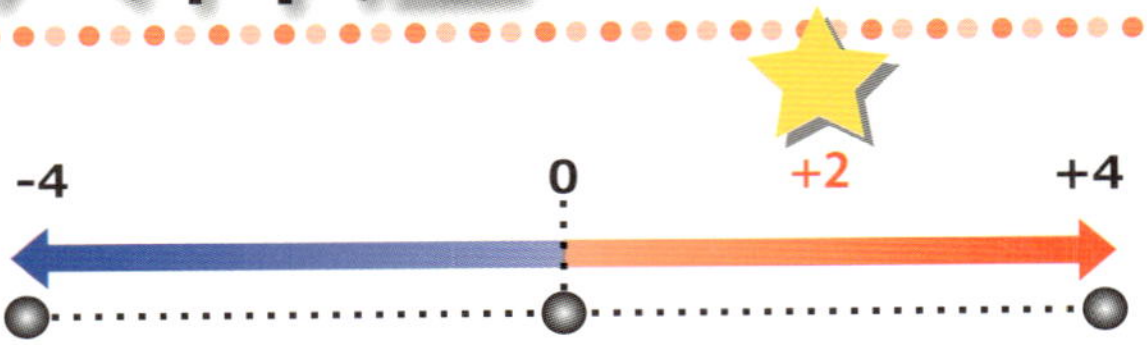

守護星
生命力や原動力

金星 ♀

0

「愛と美」の星・金星が守護星であることから、美しいものを愛する心は人一倍で、優雅でセンスよく、洗練された生き方を好み、努力を惜しみません。ただ、人からの評判を気にする傾向があり、神経質になることも。快楽も好み、時に自堕落な生活に溺れやすい部分もあります。

エレメント
性質と価値観の方向性

風の宮

0

風は知性を表し、それに天秤座の優雅さが加わります。ただ、物腰が淡々としているので一見クールな印象を与えます。気持ちは風のごとく変わりやすく、重い決断を下すのは不得意かもしれません。

クオリティ
行動パターン

活動宮

+1

知的で冷静で、常にバランスを重んじます。しかし、活動宮であるため、思考と同時に体も動いているタイプです。明朗快活で社交的、話題に事欠かないので、人間関係はとても豊か。人と人を交流させることが得意で、ムードメーカー的存在にもなります。

ジェンダー
自己評価

男性宮

+1

柔らかな物腰で女性的な面が多いように思えますが、本質は相手をリードしたいと考えるタイプです。相手が気づかないうちに、自分の考える方向へと導いていることも。また、いったん怒ると別人かと思うような感情の激しさも持っています。

アドバイス・トークのポイント

人間関係がいつも気になっているので、性格から周囲との人間関係を占ってあげましょう。行動や発言、態度など、具体的なアドバイスをしてあげましょう。

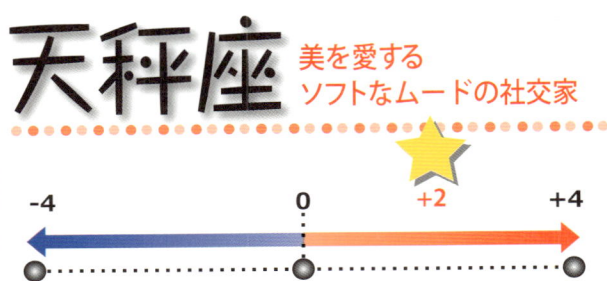

蠍座

転んでもタダでは起きない大物

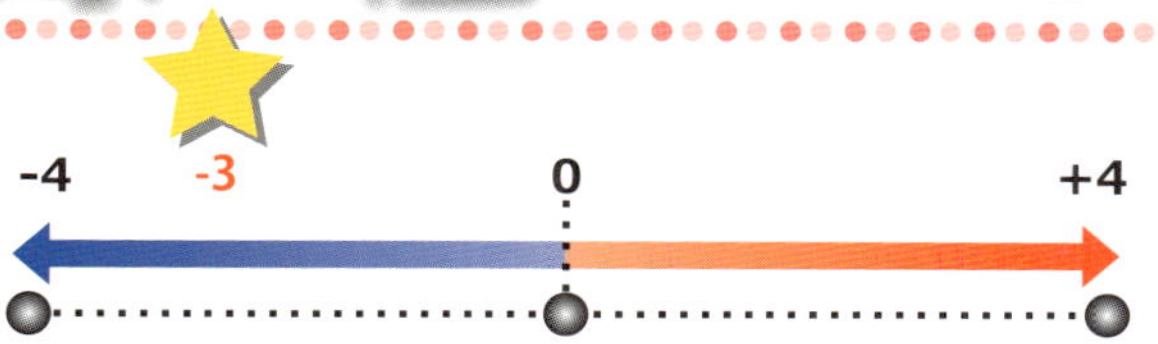

守護星
生命力や原動力

冥王星 ♇ 0

非常に個性的で気位は高く、集中力、洞察力にも優れています。爆発的なエネルギーを秘めた星であり、「ゼロか100」「オール・オア・ナッシング」の選択をしてしまう極端な部分もあります。非常に個性的な人といえるでしょう。

エレメント
性質と価値観の方向性

水の宮 -1

一見とてもおとなしく見えますが、どこにそんな激しさが隠れているのかと思うほど、とても感性豊かでエネルギッシュです。また、嫉妬深いのも特徴。芸術的な才能を発揮する人もいて、個性的な作品を生み出します。

クオリティ
行動パターン

不動宮 -1

情熱的で強い意志の持ち主。一度こうと思うと、決してその意志を曲げることはありません。行動する際には、時間をかけて熟考し、忍耐強く目的を達成していきます。目的達成のための策を綿密に練り、大胆に行動する大物タイプといえるでしょう。

ジェンダー
自己評価

女性宮 -1

人に対する細やかな気づかいを忘れない人です。けれど、何ごとも自分の中で熟成させてから表に出すので、自分の本心はなかなか人に明かしません。家族でさえも、その本心を知らないことがあるかもしれません。

アドバイス・トークのポイント

占い好きなタイプが多く、占いの結果と自分の体験を上手に結びつけます。人の心模様に関心が深いので、周囲の深層心理などをアドバイスしてあげるとよいでしょう。

射手座

開放的で
楽観的な幸せ者

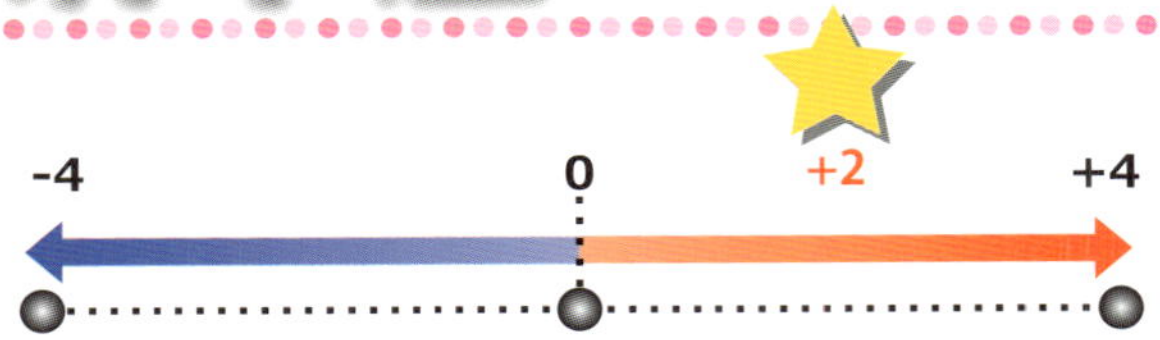

守護星
生命力や原動力
木星
♃
0

占星術では、木星は「大吉星」、「天の恵み」の星です。最初からプレゼントをもらって、生まれてきているようなもの。楽観的な性格が人生の基礎となっています。どんなことがあっても、「まっ、いいか」「大丈夫！」という心ですべて乗り切る幸せ者です。

エレメント
性質と価値観の方向性
火の宮
+1

すべて表面に出てしまう、わかりやすい性格で隠しごとができません。キャンプファイヤーの火が多くの人を集めるように、周囲には常に人が集まってきます。人気があり、多くの人と手をつないでいくことができる人です。広々とした野外などの場所で、本領を発揮します。また、高い理想と野心を持っています。

クオリティ
行動パターン
柔軟宮
0

男らしい潔いイメージがありますが、柔軟宮の影響でよくよしやすい面も持ち合わせています。大胆さと臆病さが同居しており、突然不作法で粗野な態度をとったり、臆病になったりと極端な行動パターンにもその傾向が現れることがあります。でも、柔軟な考え方を持つため、心境の変化を上手にコントロールしています。

ジェンダー
自己評価
男性宮
+1

強い意思を持ち、すべてに対して前向きに物ごとを考えていきます。また、周囲を見渡して偏りのない思考ができる人でもあります。

アドバイス・トークのポイント
いろいろなことに関心があるので、偏りなく占なってあげましょう。また、ストレートな答えを求める傾向があり、質問への曖昧な答えは不信感につながるので注意。

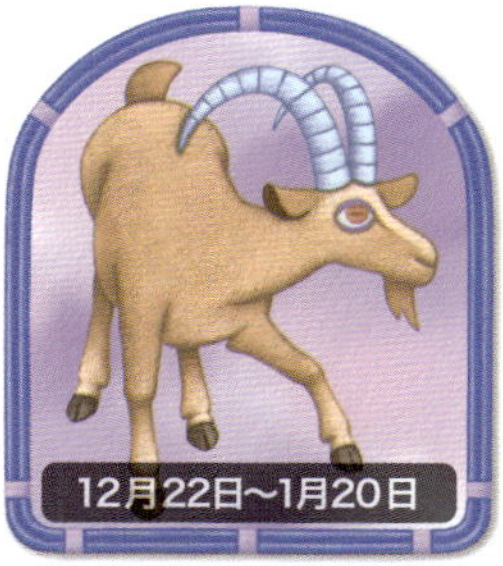

山羊座

常に将来のことを考える実務家

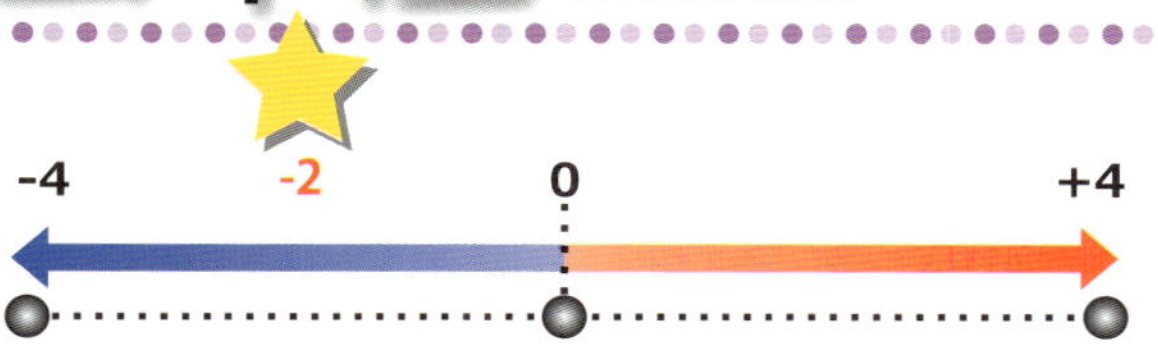

守護星（生命力や原動力）：土星 ♄ -1

土星は惑星の中で「重圧」「困難」「拘束」などを示し、自己を厳しく見つめ、とてもシビアな人生観を表しています。けれど、「改革」という意味も持つため、高い技術、向上心などが原動力になって、未来への展望へと結びつきます。

エレメント（性質と価値観の方向性）：地の宮 -1

どんなときもコツコツと一歩一歩先に進むことを考え、同じ努力を継続できる人です。地の宮は「慎重」「地に足がついていること」を表し、突飛なことは好みません。大地が作物を育てるように長い時間をかけて友情や仕事などを育てていく才能があり、本物の友情を築きます。

クオリティ（行動パターン）：活動宮 +1

活動宮に属することから、行動範囲は広くなります。スケジュールに沿って活動し、突然の計画変更はあまりありません。活動の方向性は、家庭内より社会活動に傾きやすいといえます。また、金銭面でも活動宮の影響を受け、必要となれば度胸よく大金を投じたりします。

ジェンダー（自己評価）：女性宮 -1

意識や思考は消極的です。人生経験の少ない若いころでは、内気で内弁慶。なかなか人に馴染めないことが多いでしょう。しかし、社会に出始めてある程度の年齢になると、その傾向は薄れてきます。

アドバイス・トークのポイント

運命に関心があり、占い好きなタイプ。計画的なので、未来や可能性を占ってあげて。また、自己を戒める傾向があり、「転ばぬ先の杖」的なアドバイスが役立ちます。

水瓶座

自由と友愛と独立を愛する支配者

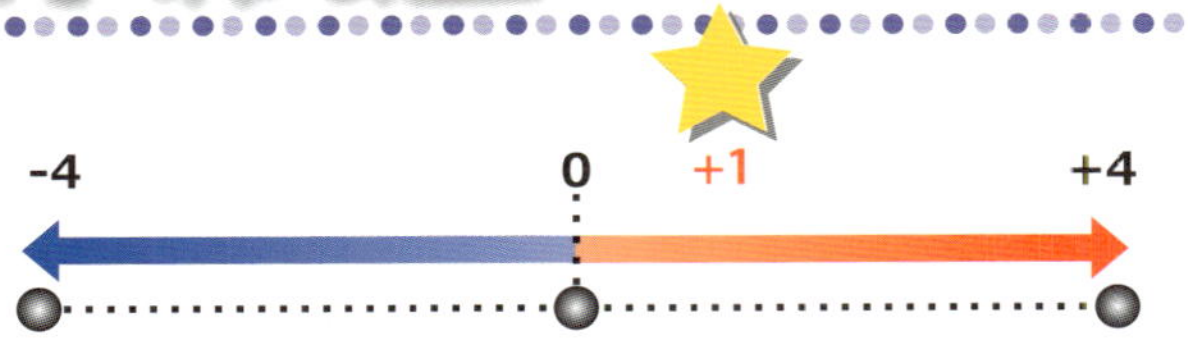

守護星
生命力や原動力

天王星 ♅ **+1**

天王星は「自由・独立」を示し、「変わること」が自然に身についている星です。その進歩、進化、改革は熟考した結果ですが、常識にとらわれないので破天荒、非常識などと思われることも。自由を求めて独立することが、この人の願いです。また、「友愛の星」でもある天王星は友情に恵まれます。

エレメント
性質と価値観の方向性

風の宮 **0**

とても爽やかな印象を与えます。風は「知性」を示し、常にクールで論理的。知的な趣味、論じ合うことが好きです。好奇心は果てしなく、興味あるものを追いかけて風のようにふわふわと生きるため、軽佻浮薄な印象を与えてしまうことも。

クオリティ
行動パターン

不動宮 **-1**

12星座の中で「最後の不動宮」です。自由闊達で軽やかな印象の反面、不動宮の影響を受けて頑固なまでの意志力を持って行動します。洗練された雰囲気の外見を持ち、友だちも多いのですが、嫉妬心も強く、意見が通らなかったりすると根に持つ傾向があります。

ジェンダー
自己評価

男性宮 **+1**

友愛を一番大事に考え、みんなをリードして人との絆を育むことを考えます。反面、他を認めず独裁的に自分の意志を通そうとすることも。男性宮だけに嫉妬心、反逆心に火がついたときは、激怒するタイプです。

アドバイス・トークのポイント

占いは好きだけれど、自分の意見を持っているので、相手の話とアドバイスを交互に進めるとよいでしょう。上から目線はNG、友だち感覚のトークがおすすめです。

魚座

慈愛に満ちた懐の深い芸術家

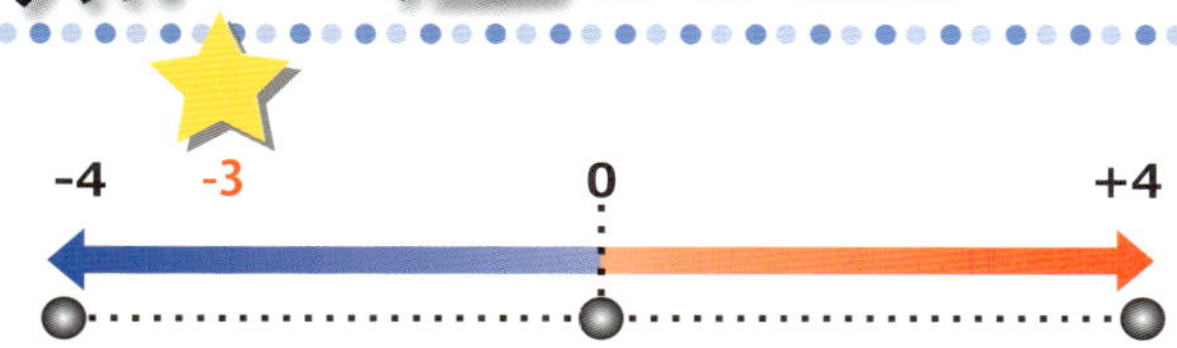

守護星（生命力や原動力）　海王星 -1

海王星は「薬、お酒、宗教、透視、漠然とした感覚」を示す星で、目に見えないものを支配しています。天才的なミュージシャン、宗教家が多いのもこの星です。敏感で感傷的、不安定さもあるため、人に「不思議ちゃん」と呼ばれ、理解してもらえないこともしばしば。けれど、その心は海のごとく深く広く、とても慈悲深いのも特徴です。

エレメント（性質と価値観の方向性）　水の宮 -1

魚座の根本は「奉仕」の人。12星座で一番優しいといえるでしょう。常に相手のことを考えて行動します。水の宮の影響で涙もろく、情愛も深いのですが、水が器から溢れるように情をかけ過ぎてしまい、自分の人生までも犠牲にしてしまうことも。また、自分に甘いところがあるので気をつけるようアドバイスを。

クオリティ（行動パターン）　柔軟宮 0

気分が向かないと約束を突然キャンセルするなど、自らの気持ちの向くままに行動する傾向があります。そのため、人から神出鬼没といわれることもあるようです。

ジェンダー（自己評価）　女性宮 -1

女性的な性格をとても強く持っています。都合のよいところだけを見て、自分にとって痛みの伴うもの、恐怖感のあるものや不安なものに対しては、無意識に逃避しようとします。

アドバイス・トークのポイント

占い好きが多く、知識も豊富だったりします。ただ、占いに頼りきってしまう傾向があるので、暗示にかけるような言い方、極端な言い方はしないように心がけましょう。

星座の四季でわかる、人生の早咲き・遅咲き

12 星座を四季に見立てて
人生の「早咲き・遅咲き」を見る

太陽は、春夏秋冬と四つの季節をめぐります。12 の星座たちも太陽が 3 月下旬に牡羊座に入り、12 か月かけて魚座までをめぐります。太陽がめぐる 12 星座を春夏秋冬の季節に合わせることで、人生の「早咲き・遅咲き」がわかります。

■春の星座たち　春の始まりを告げる「牡羊座」から、春を謳歌する「牡牛座」、夏への架け橋の「双子座」まで。10 代の初めを示し、中学校くらいまでに開花する「前期早咲き派」。

■夏の星座たち　夏の始まりを告げる「蟹座」から、夏を謳歌する「獅子座」、秋への架け橋の「乙女座」まで。10 代の中盤で、大学くらいまでに開花する「後期早咲き派」。

■秋の星座たち　秋の始まりを告げる「天秤座」から、収穫の秋の「蠍座」、冬への架け橋の「射手座」までが「前期遅咲き派」。天秤座は 23 ～ 28 歳くらいで、人生の実りを迎える時期。蠍座・射手座は、30 ～ 40 代で人生の成熟期を示します。

■冬の星座たち　冬の始まりを告げる「山羊座」を先頭に、「水瓶座」、「魚座」まで。円熟期を示す 50 ～ 70 代以降で、人生の晩年に花開く「後期遅咲き派」になります。

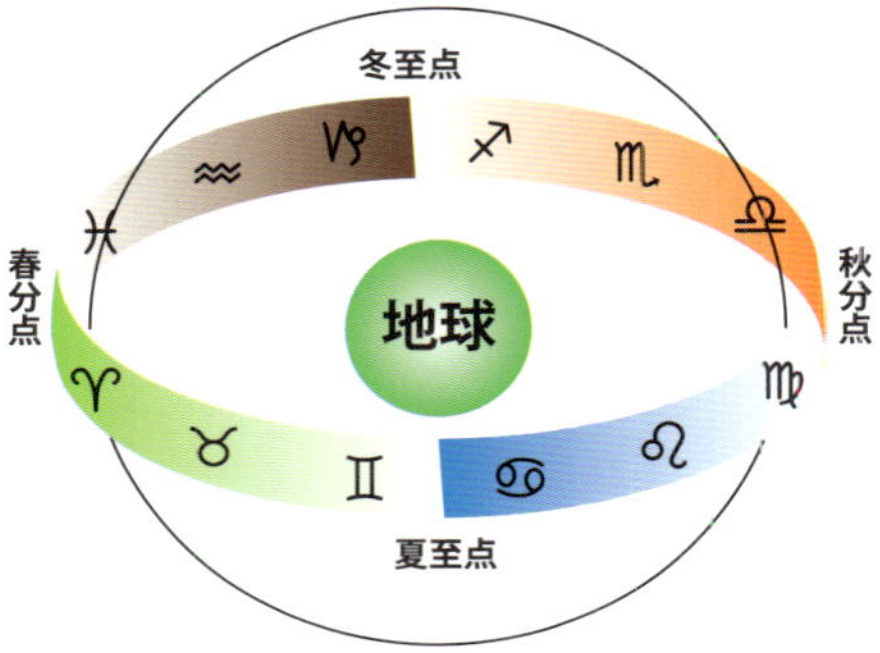

「早咲き・遅咲き」は
才能の開花、成果の時期も示す

「早咲き派」は若い頃から才能が開花し、結果もすぐに現れます。晩年運の「遅咲き派」は、成長もゆっくりで才能の開花や成果はゆっくりと現れると考えます。つまり、「早咲き」なら早期教育に徹すると才能の開花時期は早く、その成果も早く出るといえます。「遅咲き」の人は、早咲きのように早くに結果は出ませんが、年齢を重ねてから新しいことにチャレンジしてもその成果が確実に出るといえるのです。

第2章

初級編

ホロスコープから「人生の方向性」を読み解くレッスン

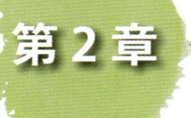

ホロスコープをつくって、本格的に占ってみよう

占星術のベースとなるのが、「ホロスコープ」です。ホロスコープを作成して12星座、ハウス、惑星（守護星）の位置を読み解くことで、プロ並みに、本格的に占うことができるようになります。

ホロスコープって、どういうもの?

ホロスコープは、その人が「生まれた場所」で「生まれた瞬間に空にあった星の配置」を360度の丸い形に描いたものです。

ホロスコープは、生まれた時間や場所のデータを基に12星座、12ハウスを描き、そこに10惑星が振り分けられ、誕生当時の星空を再現します。

12星座、12ハウスにはそれぞれ意味があります。ホロスコープを使って、星座やハウスにどの惑星が入っているかなどを見極め、その情報から、個人の性格やパーソナリティ、運勢や人生の動向などを深く読み解いていくのが西洋占星術です。

出生時間のあるホロスコープ、ないホロスコープの違い

出生時間のあるホロスコープは、生まれた時間や場所を入力するため、「占う人だけの運命の基本の姿を表すホロスコープ」になり、より正確な情報を得られ、さらに詳しい情報を読み解くことができます。

出生時間のないホロスコープでは、読み解く情報が少なくなり、性格の傾向などは十分に読み解けますが、そのほかの情報を読み取ることが難しくなります。

インターネットを使って、ホロスコープをつくってみよう

近年では、生まれた時間や場所がわからなくてもインターネットの「無料ホロスコープサイト」を利用して、誕生日のデータを打ち込むだけでホロスコープをつくることができます。第2章では、出生時間を入力しないホロスコープを作成します。出生時間を入力するホロスコープの作成方法は、第4章で紹介します（P119）。

まず、「無料ホロスコープサイト」を利用して、実際にホロスコープをつくってみましょう。

ホロスコープをつくる手順

本格的に占星術で人を占うためには、星座と惑星の配置を円で表した「ホロスコープ」を使います。ホロスコープは、パソコンなどの「ホロスコープ作成無料サイト」を使って簡単に作成することができます。第2章では、出生時間のないホロスコープを作成します。

① インターネットで「ホロスコープ作成無料サイト」を開く。
②「入力の方法」（P45）を参考にして、必要なデータを入力する。
③ ホロスコープを印刷する。
④「ホロスコープの見方をマスターしよう」（P46～47）で各名称と役割を確認する。

＊入力画面は各サイトによって違いますので、各サイトの内容を確認して入力してください。

入力の方法

出生時間がわかる場合は、その時間を入力します。わからなければ、空白のままでOKです。

＊第4章上級編「出生時間のあるホロスコープから人生傾向と未来を読み解くレッスン」(P117～)では、出生時間の入力が必要になります。

「AD」を選択して、生年月日を西暦で入力します。

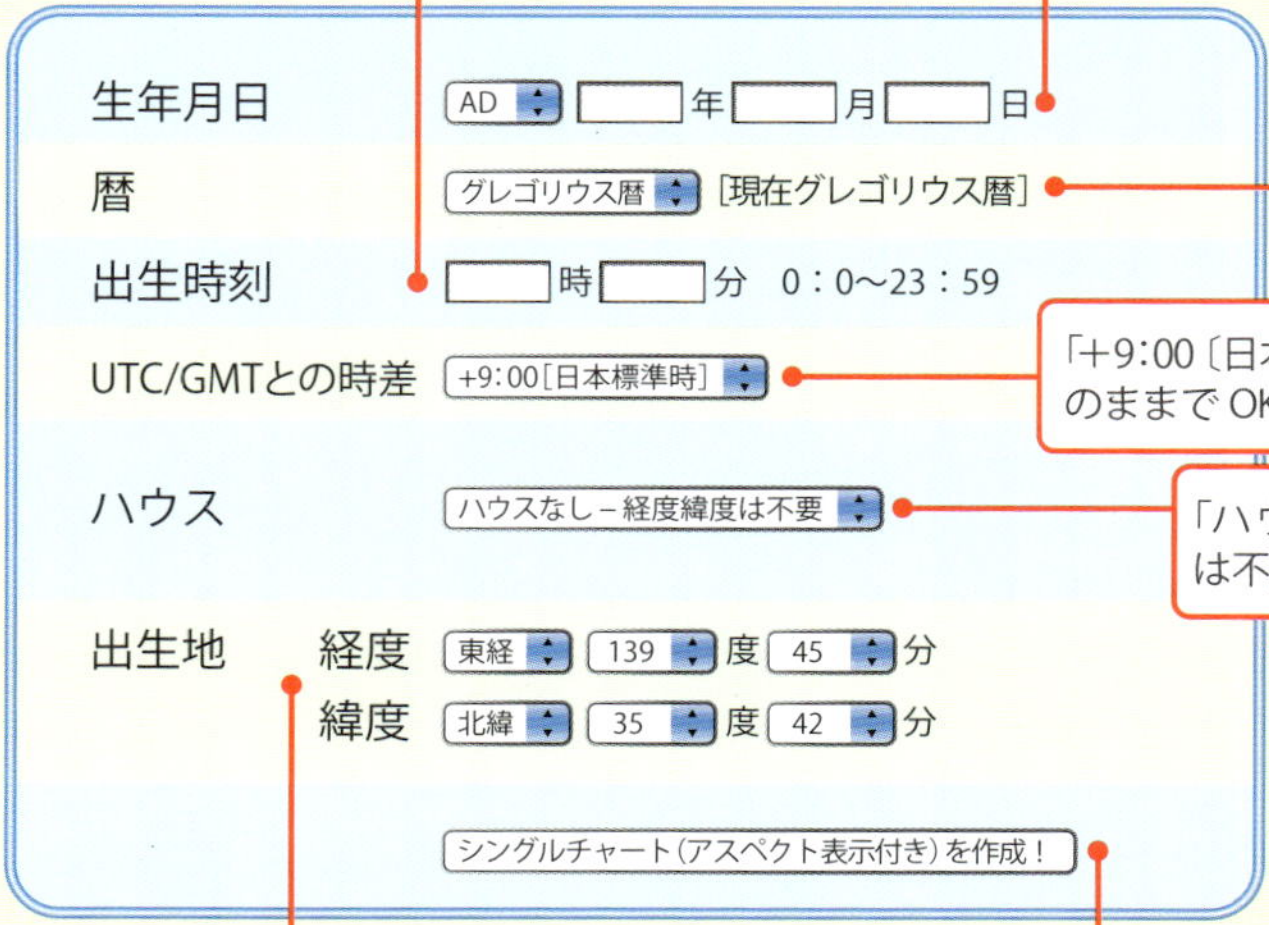

グレゴリウス歴を選択します。

「+9：00〔日本標準時〕」のままでOKです。

「ハウスなし―軽度経緯は不要」のままでOKです。

＊第4章上級編「出生時間のあるホロスコープから人生傾向と未来を読み解くレッスン」(P117～)では、「キャンパナス」または「プラシーダス」を選択して入力します。

「ハウスなし」を選択した場合は、入力は不要です。

＊「キャンパナス」「プラシーダスハウス」を選択した場合には、Asc/Mc/ハウスの計算をするために「都道府県別経緯表」(P143)で経度緯度を確認、入力してください。

必要事項を入力したら、クリック！ホロスコープ画面に変わります。

パソコンで、簡単にホロスコープをつくる手順。ほとんどのサイトは、この入力方法でOKです。

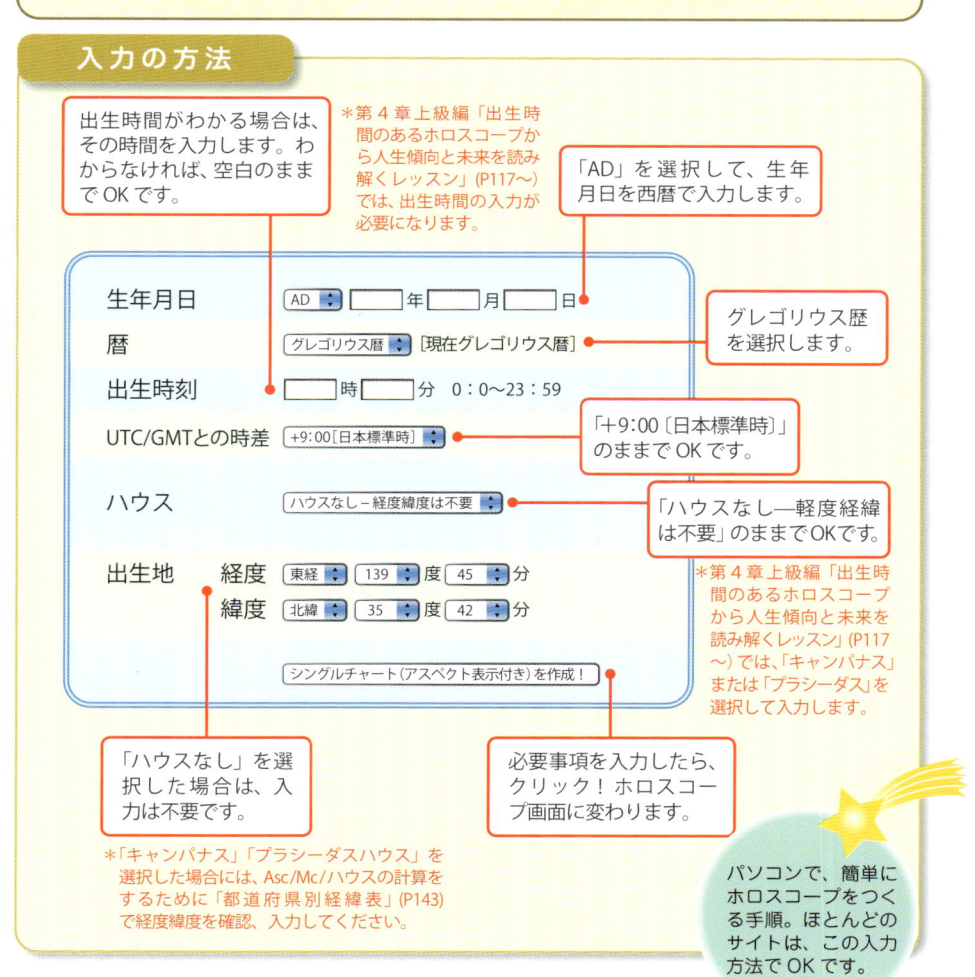

ホロスコープの基礎用語と見方

作成した「ホロスコープ」を読み解くために必要な「基礎用語」「ホロスコープの見方」を覚えましょう。

①12星座（サイン）

地球から見た太陽の通り道「黄道」を30度ずつ12等分した中に左回りに配置されているのが12星座。「性格やパーソナリティ」を読み解く（12星座の詳細はP8〜P9参照）。なお、本章では、ホロスコープを使わず太陽のある位置で決める星座は「太陽星座」と呼び、ホロスコープで読み解く星座は「星座」と呼ぶ。

星座のマーク

♈	牡羊座	♎	天秤座
♉	牡牛座	♏	蠍 座
♊	双子座	♐	射手座
♋	蟹 座	♑	山羊座
♌	獅子座	♒	水瓶座
♍	乙女座	♓	魚 座

②12ハウス

「黄道」の内側を12等分し、左回りに配置したものが12ハウス。「活動場所や活動分野」などを読み解く。（12ハウスの詳細はP48〜P50参照）

③ハウスの境界線

「前のハウスの終わり」、「次のハウスのはじまり」を表す。境界線の範囲内にある星座がそのハウスの星座になる。

④10惑星（守護星）

ハウス内に表示される10惑星は、星座やハウスから提供された情報を基に「個性・感情・行動の傾向」などを、さらに深く読み解く。（10惑星の詳細はP24〜P25参照）

惑星のマーク

☉	太 陽	♄	土 星
☽	月	♅	天王星
☿	水 星	♆	海王星
♀	金 星	♇	冥王星
♂	火 星		
♃	木 星		

⑤上昇宮（ASC・アセンダント）

出生時間に東の地平線に昇っていた星。出生時間のホロスコープでは、上昇宮の星座の度数がホロスコープの「第1ハウスの0度」を示し、ハウスの起点となる。（上昇宮の詳細はP118参照）

⑥天頂（MC）

出生時間に最も高い位置を「天の頂点＝天頂と呼ぶ。出生時間のホロスコープでは、天頂の位置がホロスコープの「第10ハウスのはじまり」を示す。（天頂の詳細はP118参照）

ホロスコープの見方

「ホロスコープの基礎用語」が、どの位置にあるのかをホロスコープで確かめてみましょう。

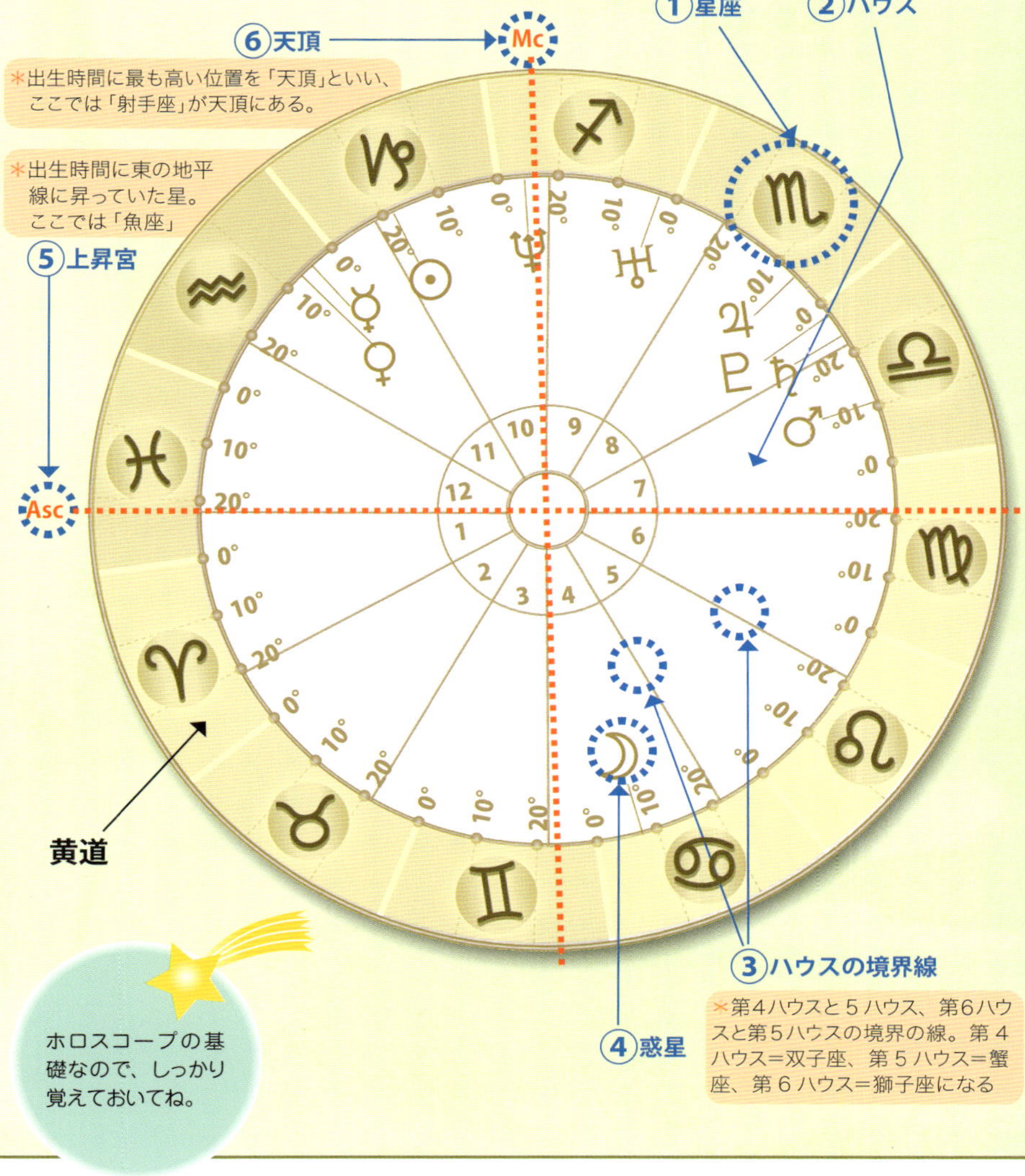

＊第4ハウスと５ハウス、第6ハウスと第5ハウスの境界の線。第４ハウス＝双子座、第５ハウス＝蟹座、第６ハウス＝獅子座になる

ホロスコープの基礎なので、しっかり覚えておいてね。

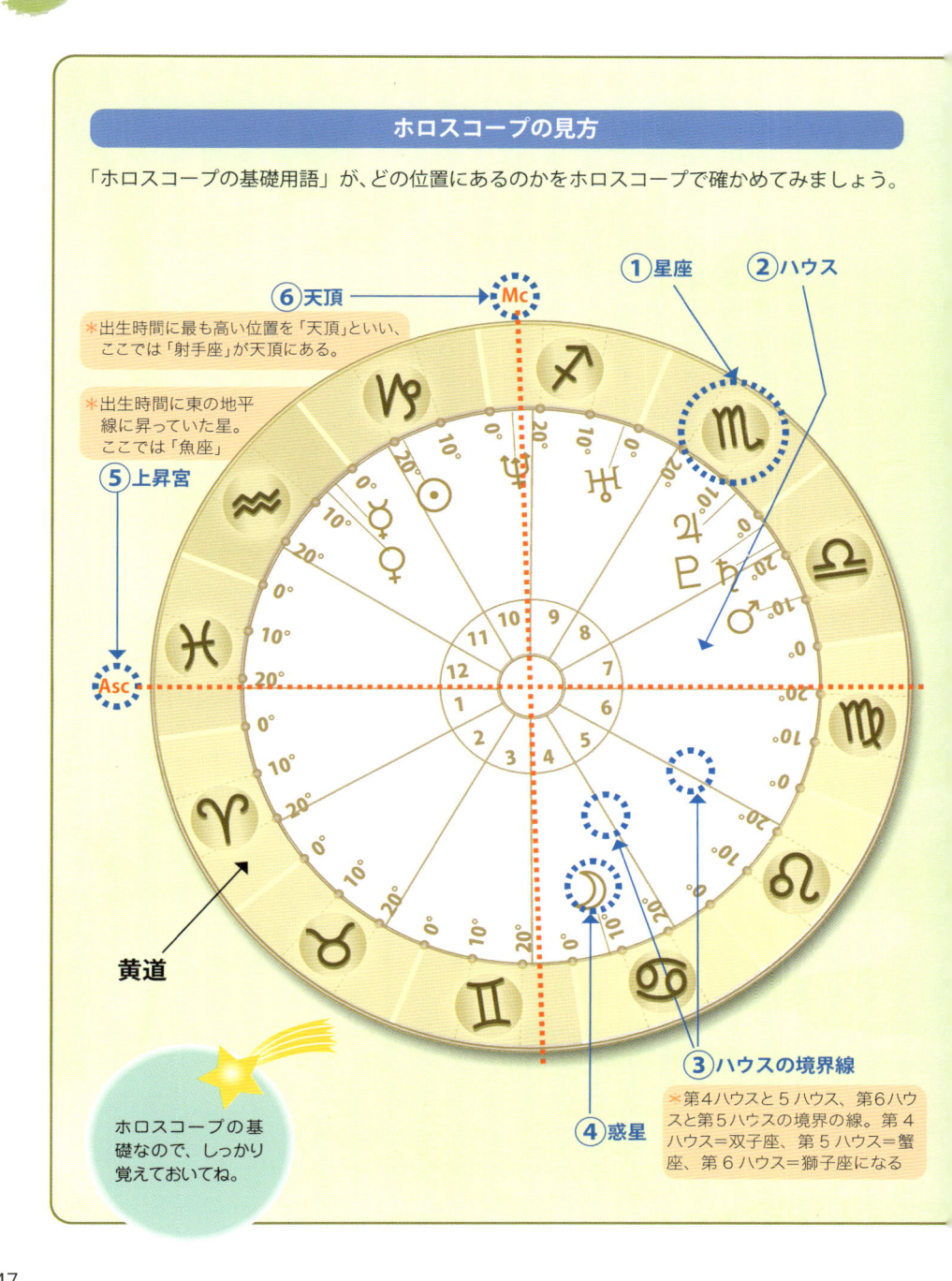

つくったホロスコープの12ハウス×12星座で「人生の方向性」を占う

作成したホロスコープの12ハウス×12星座を使って「人生の方向性」を占ってみましょう。まず、「ハウス」について知りましょう。

どんな分野で活躍・行動するか その可能性を示す「ハウス」

ハウスは、生まれた瞬間の黄道（地平線）を起点に天球を12分割したものです。

12ハウスは、それぞれ「活動場所や活動分野」を象徴するキーワード（P49参照）を持っており、12ハウスの「どこのハウスに、どの星座があるか」を見極め、読み解くことで、「人生の方向性」の傾向や可能性を占うことができます。

ハウスを支配する星座から、よき「人生の方向性」を占う

まず、作成したホロスコープから活動場所や活動分野を表す「12ハウスのどの部屋」に、性格やパーソナリティ（P8～9参照）を表す「どの星座が配置されているか」を確かめます。

星座の入っているハウスのキーワードから具体的な「活動場所や活動分野」を、さらに配置された星座の「性格やパーソナリティ」を見極めて「人生での出来事」「どんな場所や分野で、どんな仕事をするか」などを読み解き、能力を生かす方法などのアドバイスをしてあげましょう。

読み解くポイント

選択するハウスは、占う項目に関連する内容をすべてチェックする

●「経済的な安定」を占う場合

◆第２ハウス「金運・収入源」を確認

◆第８ハウス「財産・スポンサー」を確認

さらに、深く占うなら、お金は働くことで得られるので、第６ハウス「仕事」と第10ハウス「天職・業績」を確認すれば完璧です。

●「恋愛のチャンスがないけど、結婚したい」を占う場合

◆第５ハウス「恋愛」を確認

さらに、深く占うなら、第７ハウス「結婚・パートナー」を読み解くことで、「恋愛結婚するためにはどんな環境にいたらよいか」をアドバイスすることができます。

12 ハウスの基本的な意味とキーワード

12 ハウスからは「どんな分野や場所で活躍し、どんな行動をするか」を読み解きます。各ハウスには、それぞれの<ハウスを表すワード>があり、さらにそれを読み解くための<キーワード>を持っています。<ハウスを表すワード>は、ホロスコープでハウスを読み解くとき、イマジネーションをふくらませる大きなヒントになります。

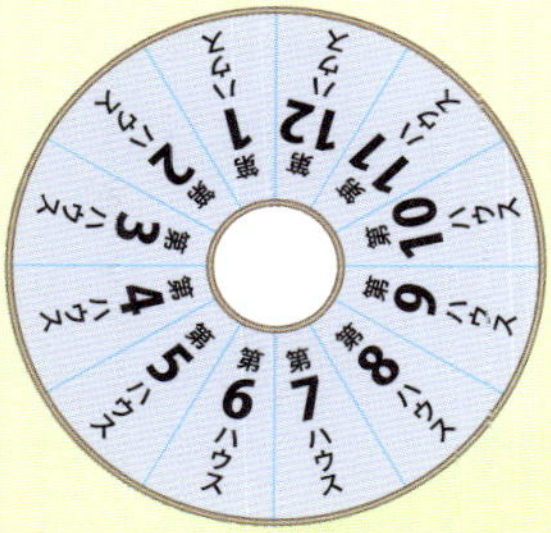

第 1 ハウス	**12 ハウスの起点で「自分自身」を表す部屋。**自分自身・個性・自己表現・自己主張・容姿・体質・生命力・行動パターンなど。
第 2 ハウス	**「お金や収入源」「生まれ持った資質や価値観」を表す部屋。**また、大きな意味で「財産」も表す。収入源・所有・財産・才能など。
第 3 ハウス	**「知性や情報、コミュニケーション」を表す部屋。**基礎的な教育・旅行・知性・学習・兄弟姉妹・コミュニケーションなど。
第 4 ハウス	**「家庭や家庭環境、自分の居場所」を表す部屋。**家族が生活を営む財産、結婚後の家族も表す。家族・両親・家庭・不動産・住居など。
第 5 ハウス	**「人生の喜びや楽しみ」を表す部屋。**自己表現・恋愛・趣味・個人的な楽しみ・レジャー・子ども関連・創作活動・ギャンブルなど。
第 6 ハウス	**「健康と病気、雇用と労働」を表す部屋。**健康・自己管理・実務・仕事・生活のための職業・小動物など。
第 7 ハウス	**「結婚・パートナーシップ・人間関係」表す部屋です。**結婚・配偶者・パートナー・対人関係・ライバル・約束・契約・交渉など。
第 8 ハウス	**「遺産・相続や血縁、霊界」を表す部屋。**親密で関係の深い人との繋がりも表す。遺産・継承・遺伝・死・性・スピリチュアルなど。
第 9 ハウス	**「探究心や思想、海外」を表す部屋。**未知の分野への探究心や抽象的な面を表す。思想・哲学・学術・宗教・海外・法律・出版など。
第 10 ハウス	**「人生の目標・達成、社会的役割」を表す部屋。**野心・天職・業績・能力の限界・最終的な業績・社会的成功・社会的地位など。
第 11 ハウス	**「コミュニケーション・未来・改革」を表す部屋。**友人・グループ・理想的な交友関係・希望・未来のビジョン・改革など。
第 12 ハウス	**「最も深層にある願望、心の中のイメージ」を表す部屋。**個人の秘密・深層心理・潜在意識・精神世界・心の健康・癒し・奉仕など。

12ハウス× 12星座から「人生の方向性」を読み解くレッスン

第2章では、まずホロスコープのつくり方、読み解き方をマスターしましょう。
「出生時間がない場合のホロスコープ」をつくって、
「ハウス×星座」のデータを読み解き、「人生の方向性」を占ってみましょう。

占う手順

①「無料ホロスコープサイト」にデータを入力して、ホロスコープを作成する (P45 参照)。
② 太陽 (☉) の入っているハウスを「第1ハウス」とする。
③ 第1ハウスから左回りの方向に、第12ハウスまで番号をつける。
④「占って欲しい」と望む内容のキーワードを持ったハウスを選ぶ。
⑤ ④で選んだハウスの星座を確認する。
⑥「選んだハウス×星座」の解説データ (P52 ～ P75) を読み解く。

読み解くポイント

出生時間の有無で違う、ホロスコープ上のハウス

第2章では、簡単にホロスコープを作成して、「ハウス×星座」のデータを読み解いていただくために、あえて出生時間がわからないホロスコープを作成します。

本来、占星術では出生時間が不明な場合、ホロスコープ上にはハウスは表示されないため、「太陽のある部屋を第1ハウスとする」ホロスコープのつくり方を紹介しています。

＊「出生時間のわかるホロスコープ」の作成方法は「第4章」を参照(P117 ～ P120)。

出生時間なし

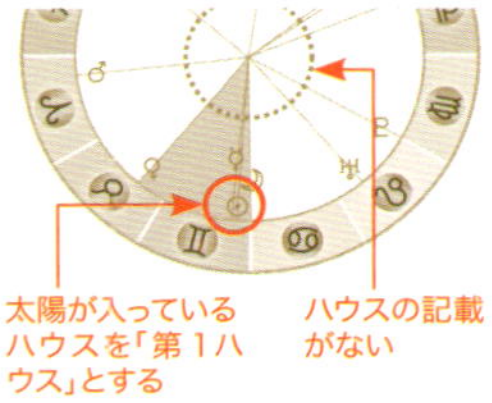
太陽が入っているハウスを「第1ハウス」とする
ハウスの記載がない

出生時間を入力しないで作成したホロスコープ。ハウスの記載がないため、太陽は入っているハウスを「第1ハウス」にする。

出生時間あり

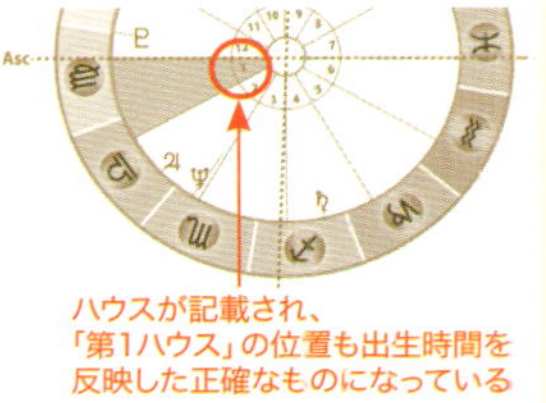
Asc
ハウスが記載され、「第1ハウス」の位置も出生時間を反映した正確なものになっている

出生時間を入力して作成したホロスコープには、ハウスも記載されている。

ホロスコープから「ハウス×星座」を読み解いてみよう

例題を使って、ホロスコープをつくってみよう!

まず「ホロスコープをつくる手順（P45）」を参考に、例題のデータを使って出生時間のないホロスコープをつくってみましょう。次に、「占う手順」（P50）に従って、占う「ハウス×星座」の解説データ（P52~P75）を読み解いてみましょう。

例題
誕 生 日：1994年7月5日
出生時間：出生時間不明
出生場所：東京
占う内容：仕事の安定

仕事に関係する「第6・10ハウスの星座＝射手座・牡羊座」と収入や才能に関する「第２ハウスの星座＝獅子座」のデータを読み解く。

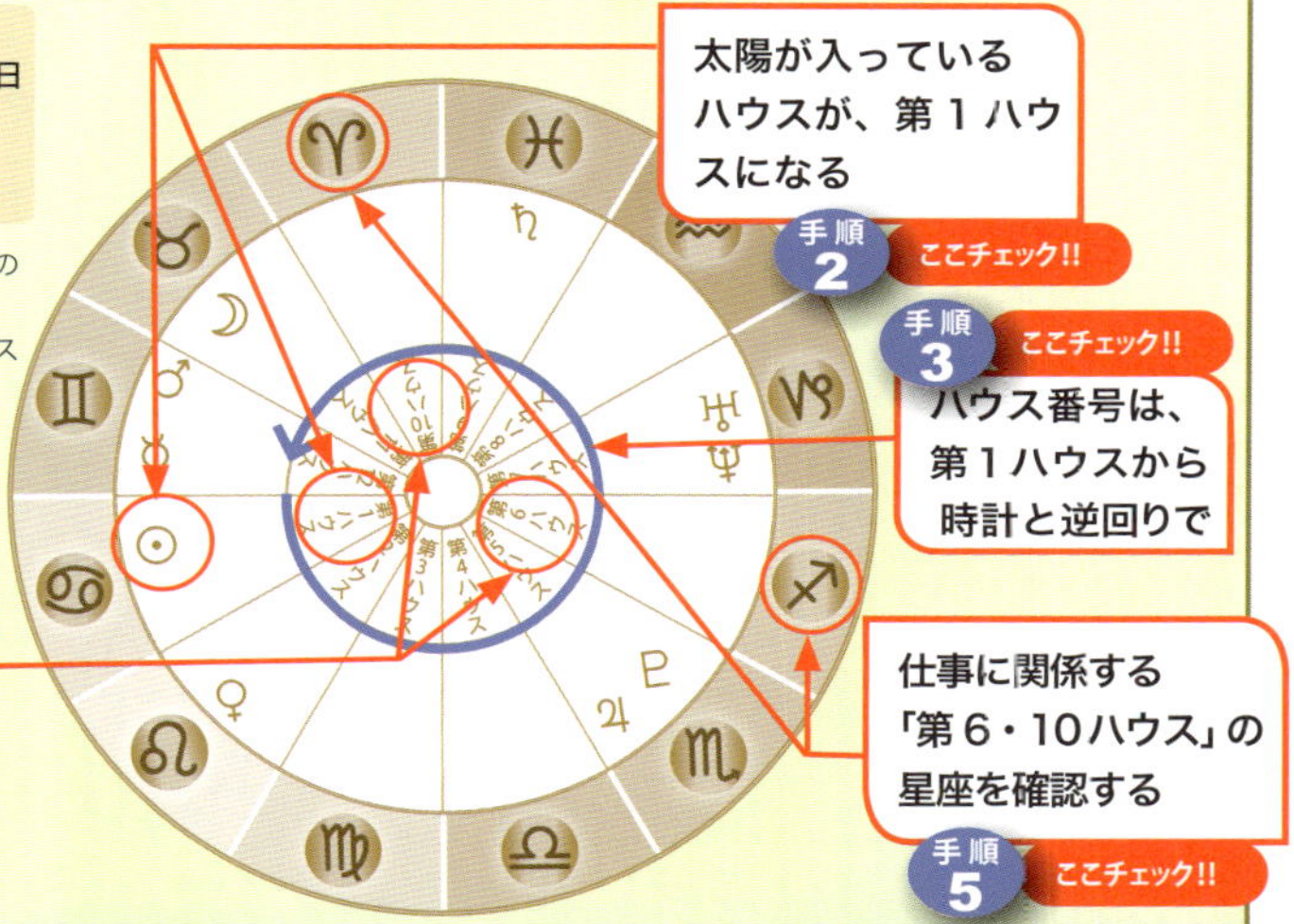
ハウス番号は、第１ハウスから時計と逆回りで
占うキーワード「仕事」の「第6・10ハウス」を確認
手順4 ここチェック!!

●ハウスのキーワード

第１ハウス	第２ハウス	第３ハウス	第４ハウス	第５ハウス	第６ハウス
自己・個性	金運・収入源	知性・情報	家庭・居場所	恋愛・子ども	健康・仕事
第７ハウス	**第８ハウス**	**第９ハウス**	**第10ハウス**	**第11ハウス**	**第12ハウス**
結婚・パートナー	相続・血縁	思想・海外	天職・社会的役割	コミュニケーション・未来	奉仕・癒し

占うコツ　ワンランク上の占い方！　ハウス内の惑星の星座を逆読みして、人生を読み解く

ハウス内の惑星が守護星となっている星座を読み解くことで、さらに深く「人生の方向性」を占うことができます。P51のホロスコープを例に読み解いてみましょう。

「家族のこと」を占う

①「家族・不動産」を表す第４ハウスの惑星から、守護する星座を確認。
◎第４ハウスを「守護する惑星」と「惑星の星座」
　天王星＝水瓶座
　冥王星＝蠍座
②第４ハウスのホロスコープから、「太陽星座」を確認。
◎第４ハウスの太陽星座
　太陽星座＝蟹座
③①の「守護する惑星の星座」と②の「太陽星座」の各星座のデータを総合的に読み解いた内容が、その人の「家族」に関する内容になります。

太陽 ☉＝獅子座　月 ☽＝蟹座　水星 ☿＝双子座・乙女座　金星 ♀＝牡牛座・天秤座　火星 ♂＝牡羊座
木星 ♃＝射手座　土星 ♄＝山羊座　天王星 ♅＝水瓶座　海王星 ♆＝魚座　冥王星 ♇＝蠍座

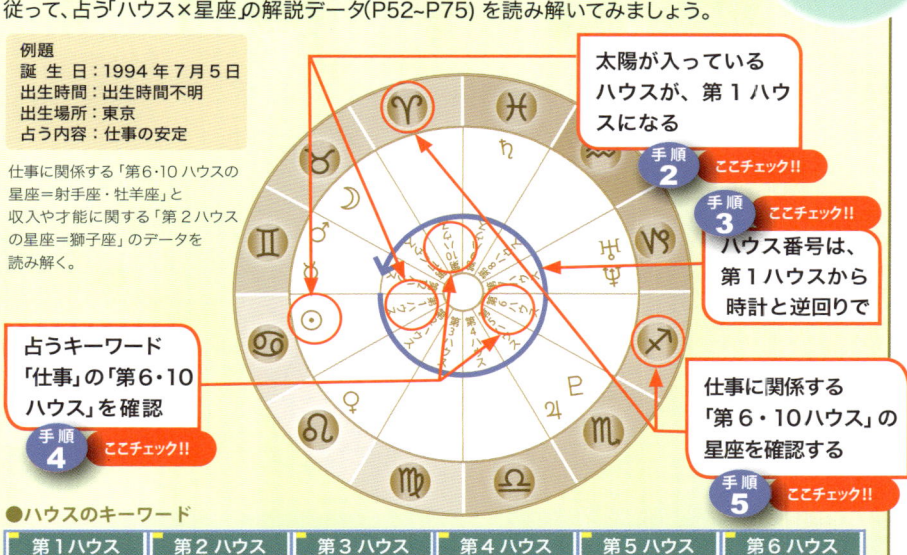

第1ハウス －自分自身－

第1ハウスは、12ハウスの起点で「自分自身」を表す部屋です。本来、ハウスは活動分野や活動場所を示すのですが、第1ハウスは「自分」を表す特別なハウスです。「自分自身がどんな人間か」また「他の人からどのように見られているか」などを知ることができます。

◎キーワードは、自己表現・自己主張・容姿・行動のクセなど（キーワードはP49参照）

牡羊座

思いついたことをすぐに行動に移す、ポジティブなタイプ。それは顔つきにもはっきりと表れていて、周囲の人には「とてもパワーのある人」という印象を与えます。時には、人の発言を制してまで自分の意見を主張することがあり、初対面の人は面食らうことがあるかも。

牡牛座

強い意志力、不屈の忍耐力と活動力を持っています。動作は遅いのですが、行動は用心深く、何ごとも最後までやり遂げます。人を裏切らない信頼できる人柄は、周囲から厚い人望を得ます。美意識が高く、美しいものへの所有欲も強くなることがあるため、自制心を持つことが必要。

双子座

知的才覚の持ち主で、何ごともうまくこなす多芸多才な人です。言語能力が発達しており、学術面で社会に認められ、地位を得る傾向があります。旺盛な好奇心が、仕事に磨きをかけます。ただ、人の言葉に惑わされやすく、信念に欠ける部分も。何ごとも中途半端になりやすいのが欠点です。

蟹座

感性豊かで想像力、適応力に優れ、模倣の才能があります。保護本能が強く、献身的に人をサポートし、社会に貢献します。ただ、保護本能が過剰になると、相対する敵には容赦なく攻撃を加えることがあります。また、人嫌いという気難し屋の傾向も見られます。

獅子座

正義感が強く、情熱的でエネルギッシュ。目的遂行のために努力を惜しみませんが、髪振り乱すことはなく、優雅にこなしていきます。気取り屋で品性を重んじ、人にもそう評価されたいと願っています。が、それが強調されると虚栄心や自意識が過剰になって孤独に陥りやすい傾向も。

乙女座

高い実務能力と優れた観察力、適格な分析・判断能力を持っています。学業や仕事では高い評価を得られ、商才を生かすとさらに運気もアップ。ただ、自尊心がとても強く、失敗を恐れるあまり行動範囲を狭めてしまうことも。周囲の人のことを気にし過ぎないように。

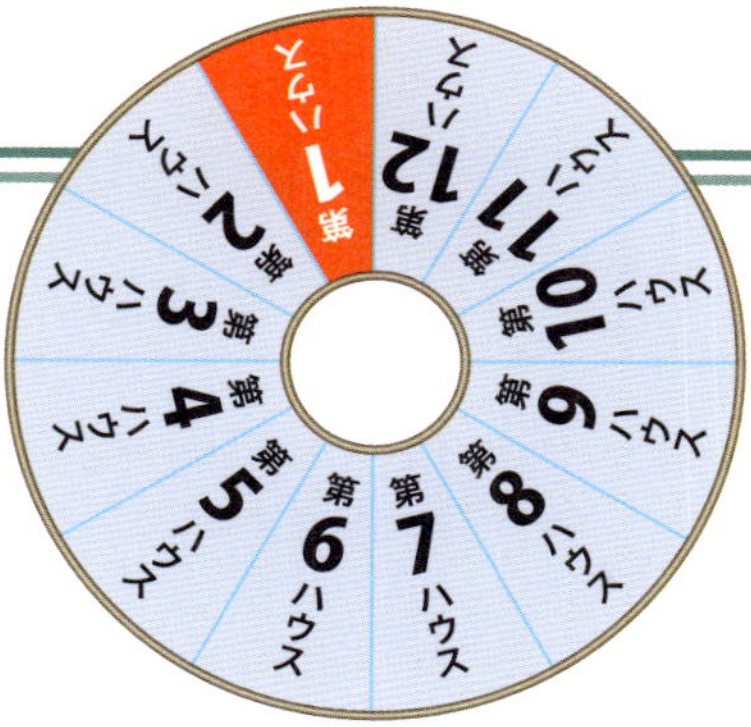

♎ 天秤座

平和を愛する、とてもおだやかな人柄です。公平な判断力、社交性、説得力に長け、人から「一緒だと楽しい」「雰囲気がとてもよい」という好評価を得て、自然と人々の潤滑油的存在となります。ただ、大事な決断で判断力を欠くことがあります。意志の弱さが欠点でもあります。

♏ 蠍座

洞察力と行動力、強い精神の持ち主で不屈の闘志を秘めています。理不尽なことに対しては、激しく糾弾する姿勢を持つ反面、強い嫉妬や支配欲を持つ傾向もあります。とても感情豊かで、好意を持っている人には情熱を注ぎ過ぎる傾向があります。万事にやり過ぎには注意とアドバイスを。

♐ 射手座

先を見る力と直観力に恵まれ、正義と真理を追究する熱い人です。学究肌で知識を持って社会的地位をあげていく反面、野山を愛する自然児でもあります。率直で嘘がつけない性格は長所でもあり、短所にもなります。また、つまらないことにエネルギーを浪費する傾向も見られます。

♑ 山羊座

思慮深く、慎重で控えめ、行動は計画的で持続力があります。とても責任感が強く、信頼できるタイプです。自分にとても厳しいのは長所ですが、厳格さが人に向くと周囲に煙たがられる存在になりかねません。年齢とともに社交的になり、交際の達人にもなれるかも。

♒ 水瓶座

突然予想外の発言をして周囲を驚かせたり、楽しませたりと自由な発想、創造性、そして改革力などを持っている人です。理論的で議論を好み、平等・友愛の精神を掲げて邁進します。連帯意識は強いけれど、決して長いものには巻かれません。信念は強く、頑固なところもあります。

♓ 魚座

柔軟性があり、高い理想を持ち、物静かで奉仕的な人です。芸術家としての能力も高く、夢を追いかけて成功します。ただ、なにかに夢中になることでつらい現実生活から逃げる、逃避傾向がみられます。欠点は、わがままで自己中心的、自己制御がきかず騙されやすいことです。

第2ハウス ―収入源・資質や価値観―

「お金や収入源、資質や価値観」を表す部屋です。「どのように収入を得、お金をどのように使うのか」などがわかります。また、「持って生まれた資質や価値観で、どのように収入を得るか、お金を使うか」などを知ることができます。

◎キーワードは、所有・財産・才能など（キーワードはP49参照）

牡羊座

お金を稼ぐこと、使うことにとても熱心で金銭への欲望も強いといえます。また、利益を得ることに関してカンも働き、得か損かを速やかに見抜くこともできます。ただ、お金は使うためにあると思っているため、貯蓄は難しく、手元にはあまり残らない傾向が見られます。

牡牛座

よい収入源を持ち、金銭的には恵まれた運の持ち主です。また、貯蓄にも熱心でよりよい条件でコツコツと積み立ててお金を貯めます。倹約家の面も持っていて、お金への執着から時折「ケチな人」と見られることも。ただ、美食や装飾品などには散財する傾向があります。

双子座

お金の出入りは、激しいといえるでしょう。ただ、細かい計算も得意なので、綱渡り的な金銭のやりくりも上手にこなします。頭脳や知性で稼ぐタイプで、事務ワークや知的な収入源などを持ちやすい傾向があります。また、得意な話術を活かした収入の道も開かれています。

蟹座

大金を手にしたかと思うと無収入になるなど、金銭の浮き沈みが激しいといえます。自営や独自の仕事で収入を得る可能性が高くなります。とくに、メディアなどの人気に左右されるような仕事で収入を得る傾向も見られます。また、家で稼ぐ運もあり、自宅開業で収入を得ることも。

獅子座

金運が非常によいことを暗示しています。裕福な環境に生まれる、自然と儲かる仕事に就くなど、お金に困らない運の持ち主です。ただ、楽しみのために使う額は半端ではなく、貯めることよりは使うことに関心が高くなります。金離れはとてもよく、大盤振る舞いしやすい傾向あり。

乙女座

地道によく働き、コツコツと稼いで収入を得ます。優れた事務能力、サポート能力を生かして、キチンとした収入源を確保します。細かな計算も得意で、上手に金銭の収支バランスをとるタイプです。ただ、細かく計算するのに、お金が貯まらない傾向があります。

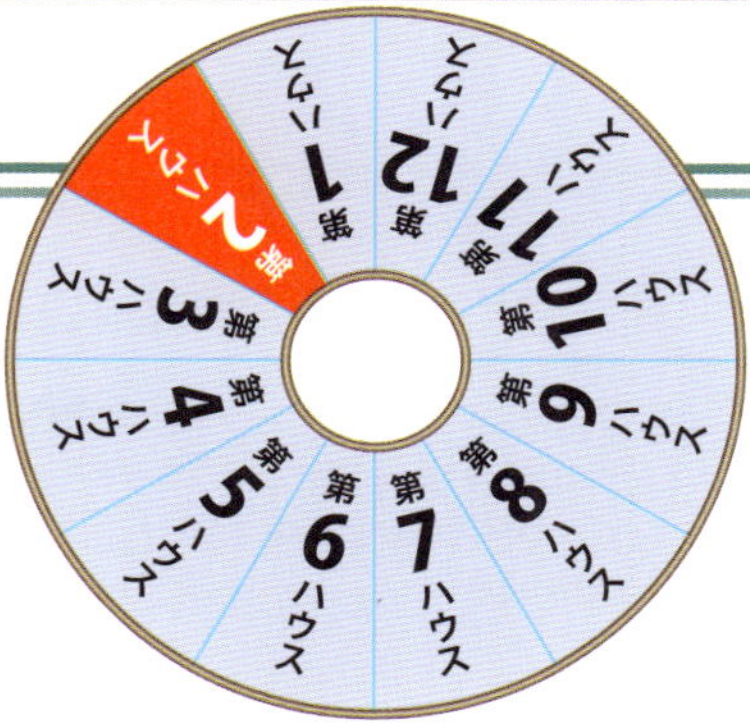

天秤座

お金を稼ぐ能力に恵まれていて、しっかりと収入を得ることができます。駆け引きも上手で社交性もあることから、営業力を生かした分野で儲けることができ、金運を上昇させる可能性があります。ただ人づき合いに使うお金が多くなる傾向があり、貯蓄はなかなか難しいようです。

蠍座

一代で財を成すような可能性を持っている反面、あっという間に大金を失う可能性もある、かなり極端な金運の持ち主といえるでしょう。また、稼ぐ意欲がある反面、「お金はなければ、ないでもいいじゃないか」という気持ちも強く、あまり金銭に執着しない面も持っています。

射手座

何気なく行っていることがお金を生み、無一文から成功してお金持ちになれるといった、すばらしい金運の持ち主です。金、株などの金融商品で儲ける可能性もあります。ただ、投資額を把握していない楽観的な面も持っています。年齢とともに財産も増え、贅沢もできるはずです。

山羊座

勤勉な労働態度で、しっかりとした収入源を得ていきます。収入の額はあまり変動せず、安定しています。また、不動産や親からの金運も約束されています。晩年には、さらに金運がよくなります。ただ、無駄を嫌う傾向があり、ケチケチした生活を送りやすいようです。

水瓶座

「普通ではないことで稼ぎたい」という思いが強い場合、コンスタントな収入源を得るのは難しいかもしれません。ただ、金銭に対するカンはよいので、金融商品などで思わぬ大金を得ることもあります。お金で人生にトラブルを招く可能性もあるので、注意が必要です。

魚座

「あればあったでいいし、なければ仕方ない」という感覚で、お金を稼ぐことへの情熱が欠けているといえます。お金も貯まりにくいですが、サービス、芸術的分野が収入に結びつくことがあります。ただ、欲張ってしまうと詐欺などで打撃を受ける可能性もあります。

第3ハウス ―知性・情報・コミュニケーション―

「知性や情報、コミュニケーション」を表す部屋です。知的な向上や精神的な活動などの内面のあり方を表し、「どのように知識を使って情報を得るのか」、また「コミュニケーションを使って、社会や人とどのように関係を広げていくのか」などを知ることができます。

◎キーワードは、知性・兄弟姉妹・コミュニケーション・旅など（キーワードはP49参照）

牡羊座

知性と行動が強く結びついていて、やってみたいことがあればすぐ行動に移します。冒険的な旅も大好きです。ただ、持続性に欠ける面があり、とくに勉強は邪魔が入ると挫折しやすい傾向があります。熱意ある先生や指導者との出会いで、運気が変わることもあります。

牡牛座

ひとつの勉強を専門的にこなしていく能力に恵まれ、コツコツ努力して上を目指す安定した精神の持ち主です。旅は、景色、花、美術、音楽など美しいものを愛で、心やすらぐ時間を持つとよいでしょう。また、勉学、旅行を通じて得るものも多く、とてもよい人間関係も得ます。

双子座

優秀な知能を持ち、学業成績優秀で何ごとにも機敏に対応します。頭脳明晰さは、話術の巧みさにも表れます。向学心も強いことから、生涯を通して学び続けます。指導者の素質もあり、教えることで人間関係を広げることも。旅の機会も多く、旅で精神安定の効果が得られます。

蟹座

知性が感情に支配されていることもあり、気分が変わりやすい傾向があります。好きなことであればとことん勉強しますが、苦手なものは避けることが多くなります。母親の教育方針の影響を受けて育ちます。生活にすぐ役立つ勉強は向いていて、長続きするだけでなく将来に役立つはず。

獅子座

活発な知性の持ち主で、とくに文筆の能力に恵まれ、高く評価される可能性があり。学業優秀であらゆることに探究心を持つため、自然と趣味も多くなります。生涯に渡り意欲的に勉強し、知的な職業にかかわる傾向も見られます。また、上品な言葉使い、若者言葉を使い分ける才能あり。

乙女座

鋭い知性で、成功への階段を上がっていきます。時に言葉が辛辣《しんらつ》になる傾向もあります。細かいところが気になることが多々あり。知識を増やすことに偏り過ぎ、情報に振り回される傾向も。「好き」という気持ちで学びは続いていくので「好き」なものを探すことも大切。

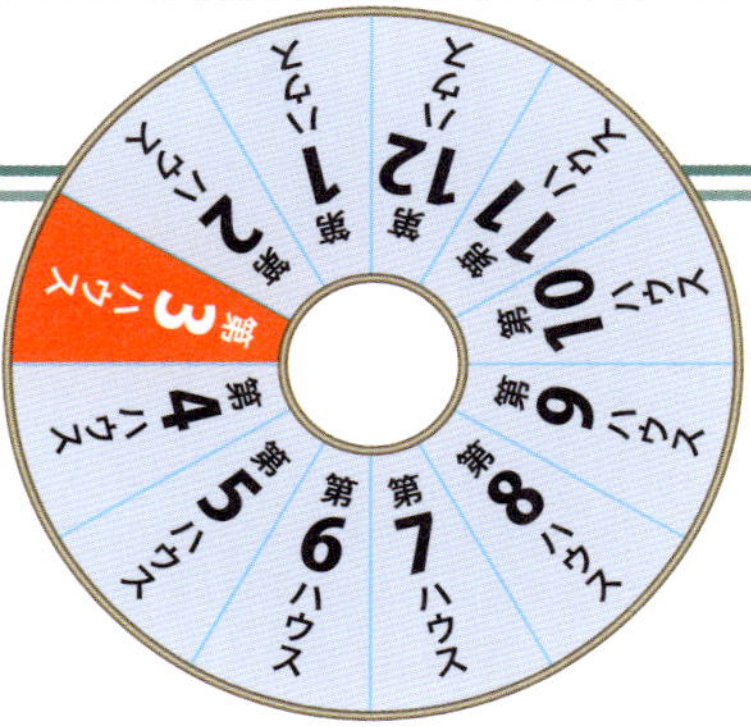

♎ 天秤座

理系、文系双方の頭脳を持ち合わせている、バランスのとれた知性の持ち主です。また、男女双方の立場からも物ごとを考えられる人です。美しいものへの優れた審美眼があり、美術、音楽、ファッションを学ぶことで成功を手に入れることも。勉強したことが、社交術に大いに役立ちます。

♏ 蠍座

追求心と洞察力があり、興味を持った勉強や研究には熱中します。とくに、専門的知識を得る学問ではすばらしい成果を上げることもあります。しかし、苦手なことや興味のないことは軽んじる傾向があり、そのため学業半ばで中退、スキルアップ中断など、学びの挫折の兆しあり。

♐ 射手座

学ぶ環境が整っていることが多く、成績は優秀でひときわ目立つ存在です。とくに、語学、哲学、政治、法律などに関しては光るものがあります。海外で勉強、あるいは教鞭をとるチャンスにも恵まれるでしょう。外国人とのコミュニケーション能力に長け、通訳で活躍することも。

♑ 山羊座

堅実な思考力を持ち、コツコツと努力を重ねていきます。ただ、学ぶことには時間がかかり、世間からなかなか評価されにくいようです。受験などでは、苦労することも。古典的な分野、経済、医学などに向く傾向があります。独学で学んだことで周囲の人たちを驚かせることも。

♒ 水瓶座

興味のあることには情熱を注ぎ、興味のないことには全く無関心です。ヒラメキの人であり、学ぶことへの謙虚さが欠けているかも。創意工夫が必要な勉強には、能力を発揮します。ただ、学業は挫折しやすい傾向があります。文系から理系へなど、学びの中心が突然変わる、中断される暗示もあり。

♓ 魚座

感性が鋭く芸術的、化学的な勉強では直観力を生かし、高評価の成績を残すこともあります。型にはまらない勉強法で自分を磨くタイプです。そのため、既存の学校などで学ぶより、家庭教師や独学などの自由な環境での勉強法が向いており、その勉強が自分自身を成長させるはずです。

第4ハウス －家庭・自分の居場所－

「家庭や家庭環境、自分の居場所」を表す部屋です。幼少期の家庭環境、親からの影響、個人が常に戻るべき場所を表し、「どんな家庭で育ったのか」「家族との関係はどうか、その影響は？」「どんなことでリラックスできるか」などがわかります。

◎キーワードは、家庭・住居・不動産・両親・晩年など（キーワードはP 49 参照）

牡羊座

父親が単身赴任などで家にいない、自宅で工場や店舗を営んでいるなど、平凡な家庭からは少し離れた家庭環境のようです。不動産に関しては、改築や買い換えなどを繰り返す傾向があり、住居を含めて購入しても維持し続けることが難しく、落ち着かないといえるでしょう。

牡牛座

両親の愛情をたっぷり受け、平和で豊かな家庭で育ちます。本人も同様の愛に満ちた家庭をつくることができます。不動産運にも恵まれています。生活環境をよりよく整えたり、また人が自然と集うので楽しい時間を過ごすでしょう。子孫繁栄の暗示もあり、子宝にも恵まれます。

双子座

知的な活気溢れる家で育ちます。教育、教養を身につけるため、両親が幼いころから指導する家庭環境が考えられます。ただ、家が自営業だったり、母親が仕事を持っていたりと慌ただしい環境も考えられます。不動産運は、同じ場所に住むよりも引っ越しが多くなることを暗示しています。

蟹座

家にとても愛着を持ち、とくに母親との関係は強く、成人後も長く一緒に過ごす可能性があります。また、家族関係に変化があり、アップダウンの激しい家庭環境といえます。不動産運も変化が激しく、複数回の引っ越しを体験する可能性も。結婚後の家庭生活も落ち着かない暗示。

獅子座

立派な両親を持ち、家族に可愛がられて育つ、とても恵まれた環境でしょう。家庭では中心的人物として収まり、それは結婚した後も同様です。不動産運も良好で、理想的な物件を手に入れることができます。親が持っているいくつかの不動産を所有することもあります。

乙女座

常に親戚、家族の友だちなどたくさんの人が出入りする賑やかな家庭環境です。不動産に関しては、別荘と住居などふたつの不動産を持ち、生活を楽しむ傾向も見られます。親族との結びつきが強いので、大型住居、先祖が建てた住居に親族一同が集まって一緒に住む可能性もあります。

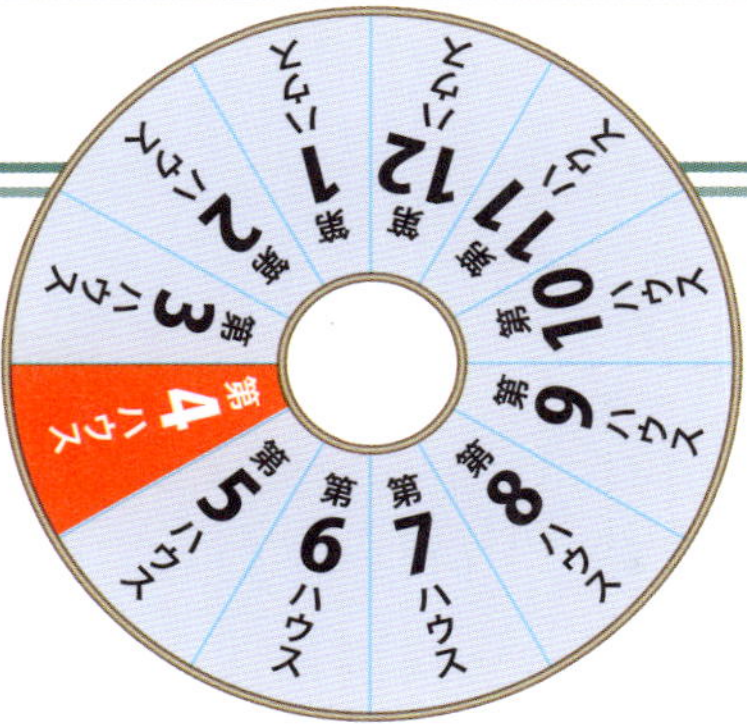

♎ 天秤座

大変社交的な母親の下、たくさんの人が訪れる賑やかな家庭環境で育ちます。物質的にも恵まれており、少し贅沢な生活を送ることもあります。また、人気のあるエリアや話題のマンションなど、本人が望む物件を手に入れられるような、恵まれた不動産運も暗示されています。

♏ 蠍座

単身赴任や離婚など、なんらかの事情で両親が一緒にいないことが多い家庭環境で育つ傾向が見られます。また、本人の独立心も強く、早くから家を出て行きたいという願望を持つことも。不動産運は悪くはありませんが、結婚により遠方に住むことになる可能性もあります。

♐ 射手座

祖父母と両親、兄弟などが同居する大家族の中で育つことを暗示しています。自由な家庭環境で、とてものびのびと感性豊かに育ちます。不動産運も、とても大きな家に住める運があり大吉。また、別荘など、生涯にいくつかの不動産を保持する可能性もあります。

♑ 山羊座

親の別居や離婚など、親と縁の薄い家庭環境で育つ暗示があり。祖父母の権力が強い家庭の場合は三世代での生活や旧家や名家の責任を背負って厳格に育てられることなどを示しています。本人が若くして独立する可能性も。不動産運は、先祖代々のものを受け継ぐこととなります。

♒ 水瓶座

個性的、前衛的な親を持ち、自由を重んじる独特な家庭環境で育ちます。家庭内では実に気ままに振る舞うこともでき、親子関係はまるで友人同士のような雰囲気になることが多いといえるでしょう。反面、家から早くに独立する傾向も見られ、友だちとシェアして住む可能性もあります。

♓ 魚座

音楽やアートなどの芸術的を愛する母親の影響で、文化的なものに接する機会の多い家庭環境といえます。両親の実家が酒・薬・海などにかかわる職業の可能性が高く、恩恵を受けて育つでしょう。川や湖などの近く、水辺の高台に住居を構えると運気が上がる暗示があります。

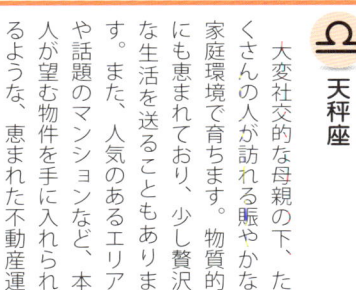

第5ハウス －人生の喜びや楽しみ－

「人生の喜びや楽しみ」を表す部屋です。自分が心から楽しめる物ごと、自己表現方法などを表し、「どんなことに喜びを感じるのか」「どのような自己表現で充実感や喜びを感じるのか」などがわかります。

◎キーワードは、恋愛・レジャー・子ども・趣味など（キーワードはP49参照）

牡羊座

スリルとスピードを求める気持ちは人一倍強く、刺激的な恋、絶叫マシーン、冒険、スポーツ、ギャンブルに熱中しやすい傾向があります。時には大きな失敗をする可能性があり、注意するようアドバイスを。とくに、恋は続きにくい暗示。子どもには、干渉し過ぎる傾向が見られます。

牡牛座

とても魅力ある人とロマンチックな恋をします。恋は本人にとって常にプラスを示し、幸せに導く人と恋愛をして愛すべき子どもにも恵まれます。また、美術、音楽、演劇、美容、ファッション、花などに興味を持ち、生活にも取り入れて楽しんだり、仕事に発展することもあります。

双子座

恋愛のチャンスは多いのですが、会話を楽しむことが好きでプラトニックに偏る傾向が見られます。知的なことに興味を持ち、知識が増えるレジャーを望みます。また、体験することが自分のプラスになるレジャーに喜びを感じます。子どもとは、友だち親子的な関係を築きます。

蟹座

相手を美化してしまい、恋に恋するタイプです。相手次第で性格や環境も大きく変化する傾向があります。ギャンブル性のあるものにのめり込むタイプで、株などにも夢中になる可能性があるので注意。また、子どもを溺愛して、教育ママになりやすい傾向があります。

獅子座

楽しいことが大好きなタイプです。創造力に優れ、アイディアも豊富で、その才能を活かして有名になることもあります。ヘアースタイル、ファッションなどおしゃれにも工夫が見られ、周囲の人の目をひくでしょう。恋愛・子ども・レジャーを情熱的に楽しもうとします。

乙女座

恋愛は、精神的なつながりを強く求めて恋してしまう傾向があり、好みにこだわりがあるので実らないことも。ギャンブルは楽しむだけで、大金につながることは少ないようです。子どもには知的向上を望んでいて教育熱心。度が過ぎて教育ママやパパになってしまうことも。

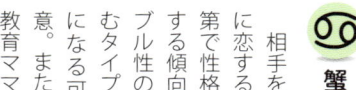

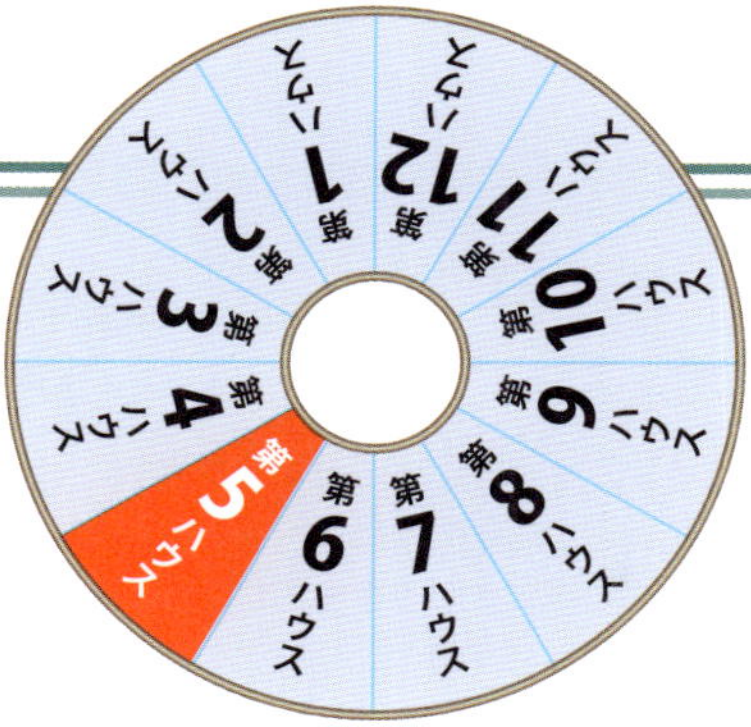

天秤座

社交家で楽しい話術と魅力的な態度で、多くの人を惹きつけます。優れたサポート能力で、相手を支える恋人になることもあります。ただ、恋愛にはクールで恋愛相手とは一定の距離を保ったつき合いを好み、のめり込むことはありません。また、子どもに恵まれる暗示があります。

蠍座

大変情熱的に恋をし、長くつき合うことが多いですが、まれに他者の反対や邪魔によって中断されてしまうことも。恋を含め、情熱を注ぐエンタテイメントなどは、必ず成就させるための努力を惜しみません。子育てには独特の感性があり、英才教育などの関心も深くなりそう。

射手座

第5ハウスのキーワード、すべてが発展する傾向。魅力的で理想的な相手と恋に落ちる暗示も。子ども運に恵まれ、自慢の子どもとなることがあります。勝負ごとには特別なカンが働き、成功します。勝負強さを生かして、それらを仕事ととして考えることがあるかもしれません。

山羊座

第5ハウスのキーワードが制限されるため、魅力的な人物と出会っても恋愛の成就にはかなりの時間と努力が必要となっています。失恋や恋人が遠くに行ってしまう暗示もあります。古典的な趣味には発展、開運の兆しあり。子どもは、授かりにくいかもしれません。

水瓶座

不倫、略奪愛など、普通ではない形の恋に気持ちが傾くことがあります。ただ、常軌を逸した恋が生活のバネとなり、イキイキした感情を生みます。決してそれで傷つくことはありません。ギャンブルを含めた娯楽、また子どもに関しては、喜びか苦労かの極端な運があります。

魚座

大変繊細な恋をしますが、恋に溺れやすい面があり、献身的に尽くしても裏切られやすい傾向を伴っています。音楽、舞台、美術、ダンスなどの芸術的な能力に長け、それらに触れて人生を謳歌したいという気持ちが強いようです。親を大切にする子どもに恵まれる暗示があります。

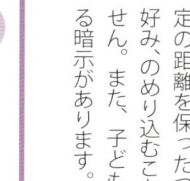

第6ハウス　―健康・雇用と労働―

「健康、雇用と労働」を表す部屋です。第1～5ハウスまでで成長した「個人の集大成のハウス」。「自分の能力を使い、どのような仕事に就いてお金を得るのか」「どのような健康状態であるか」などがわかり、ペットなどの動物もこのハウスで知ることができます。

◎キーワードは、自己管理・生活のための職業・小動物など（キーワードはP49参照）

牡羊座

猛烈に働く人で、頑張り過ぎが原因で体調を崩すことがあります。過労や職業病にもかかりやすい傾向が見られるので、早めの治療が必要。また、仕事熱心なあまり職場では協調性のない人と思われることも。どちらかといえば、雇用されるより独立することで成功する可能性も。

牡牛座

調和のとれた生活を保つことができます。顔の艶もよく、病気にかかりにくい体を持ち、病気になったときも早くによい治療を受けることができます。仕事は、自分の好きな職場で能力を発揮することができます。同僚にも好かれ、仕事場は家庭同様にホッする場所となりやすいでしょう。

双子座

事務、秘書、企画、経理などの頭脳労働に向いています。職場では、重宝がられる存在で上司に恵まれ、部下に慕われる良好な職場環境を得ます。ただ、向上心を持って上を狙うため、転職することも多くなります。健康に関しては、繊細な神経が邪魔をするので小さな故障が多そうです。

蟹座

よい職場環境に恵まれれば転職は少ないけれど、自分と波長の合わない職場であれば転職することも多くなりそうです。感情が健康と強く結びついており、本人にとって良好な職場環境が健康を維持する最大の条件といえるかもしれません。常に気分の安定を心がけることが大切です。

獅子座

どんな職場でも良好な人間関係を築くことができます。勤め人としては成功し、生涯安定して働ける運があります。健康状態は良好ですが、健康を過信する傾向があって無理をしやすいようです。また、大病をしても治る運を持っているので、つい油断して体を酷使することがあります。

乙女座

仕事運には恵まれ、雇用関係や同僚とも協調して職場環境など、幸運な就職ができるはずです。ただ、仕事に熱中してしまうと周囲との人間関係にトラブルが生じることもあるので、何ごともやり過ぎに注意。その影響は健康面にも出る可能性があり、神経関連の病気には注意が必要です。

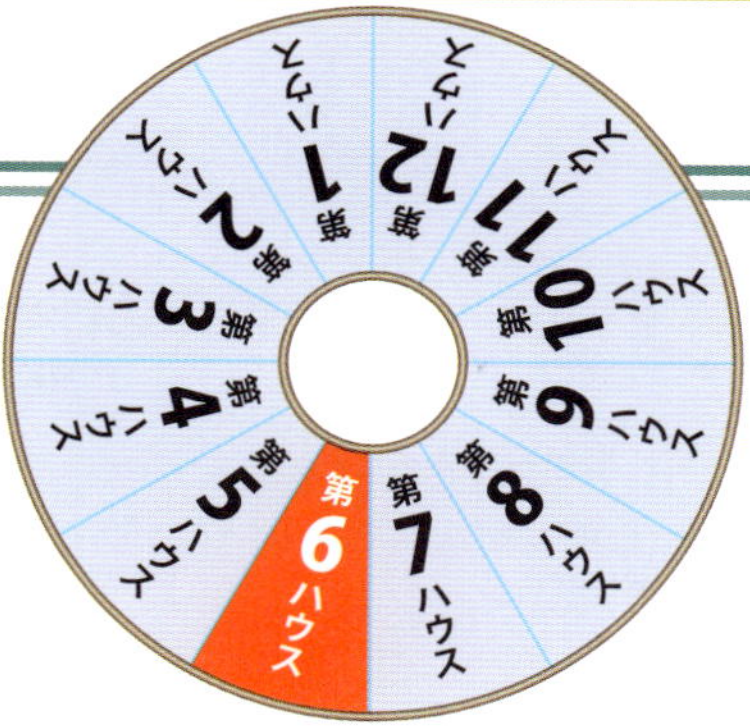

天秤座

人との接し方がとても上手なので、人と触れ合う仕事で成功することがありそうです。人間関係にも恵まれ、楽しく働けるという運を持っています。健康には恵まれていますが、それに加えてすばらしい主治医にめぐり会う運もありそう。患うことがあっても、回復するのは早いようです。

蠍座

一般的ではない仕事の分野や場所で働く暗示があります。ユニークな発想、人との関わりの少ない仕事に向いていることから、サラリーマンやOLではなく、一匹オオカミで独立開業するかもしれません。不摂生から健康を害する暗示があり、とくに下半身のトラブルは用心。

射手座

働くことを望めば常に仕事は与えられ、しかも条件よく働くことができそうです。会社経営の才能もあるので独立開業も考えられ、とてもよい部下に恵まれて成功します。健康は高い回復力があり、病に負けることはないでしょう。また、本人にも名医の才があります。

山羊座

仕事に関しては、満足する仕事に就くには時間がかかるため、忍耐強さが必要です。ただ、過度なストレスがかかる職場の責任者として働く暗示があり、健康を害する可能性もあります。職業病や慢性的な病気の予防を心がけるよう、アドバイスをしてあげましょう。

水瓶座

最初は社員として勤めても、やがては独立するなど、人と違った働き方をする可能性があります。周囲との共同作業などは苦手で、職場で浮いてしまうことも。最初から個人業務、または技術、研究職など目指すことはおすすめです。健康は乱れがち。自律神経の病には注意が必要です。

魚座

周囲の人に奉仕することが多く、職場のムードメーカー的存在となります。秘書的な仕事、サポートする業務はピッタリです。ただ、問題が生じてひとつの職場に長く留まることは難しい傾向があります。健康は、不摂生で害する兆し。また、アレルギーによるトラブルにも気をつけて。

第7ハウス　―結婚・パートナー―

「結婚やパートナーシップ、人間関係」表す部屋です。人生に深く影響を及ぼす結婚相手をはじめ、「人生でのパートナー」などを表し、男女を問わず「人生でどのような人間関係を築き、どのようにかかわっていくのか」を知ることができます。

◎キーワードは、配偶者・対人関係・好敵手など（キーワードはP49参照）

牡羊座

公私ともに、快活で明るく、指導力もある心強いパートナーを持つ可能性があります。ただ、相手は支配性のある性格なので、自由気ままに動きたい本人との間に問題が生じる可能性も。結婚相手を選ぶときは、即決せずに時間をかけて周囲の意見も参考にするとよいでしょう。

牡牛座

本人が満足できる相手と結ばれる「ラッキーな結婚運」を持っています。相手が資産家である可能性もあるので、経済的にも恵まれ、生活は安定します。ただ、相手に嫉妬深い傾向があり、問題となることも。共同事業の相手は、資産があり、経済観念もある人になります。

双子座

精神的に刺激を受ける相手との結婚が示されています。話上手なことが結婚の条件になるかも。また、知的レベルが高いことや興味の方向性が同じことがとても大切です。友だち感覚の夫婦になるでしょう。共同事業のパートナーは、学生時代の知り合いの可能性があります。

蟹座

気働きができ、家庭のことにも笑顔で取り組んでくれる結婚相手であれば、理想的な人といえます。また、相手は周囲もよく知っている人、または名の通った人である可能性もあります。共同事業のパートナーには、母親もしくは家族がなる可能性が暗示されています。

獅子座

まさに玉の輿といえるような、とてもよい結婚をする運があります。結婚相手はみんなから愛され、尊敬されているしっかりとした性格の人を選びそう。結婚相手は、配偶者に「いつも輝いていて欲しい」と願うタイプです。共同事業の相手は、とても派手で力のある人となります。

乙女座

よく働いてくれる結婚相手を持つこととなります。結婚相手は話上手で趣味も同じで気楽につき合える人、または仕事関係の人との暗示があります。ただ、健康面に心配がある人かも。共同事業の相手は、年下になることもあり、神経の細やかな少々口うるさい傾向も見られます。

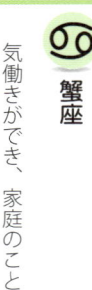

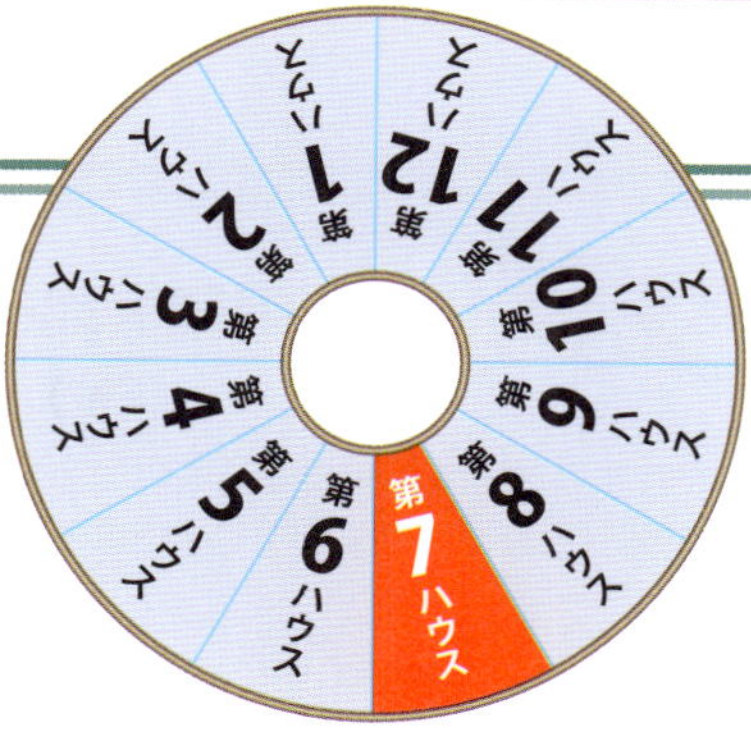

天秤座

幸せな結婚が示されています。結婚相手は、社交的で多くの友だちに囲まれている人なので、結婚によりたくさんの人と交流を持ち、世界が広がります。共同事業の相手には女性がなる可能性が高く、よく動いてくれる相手なので、その恩恵を受けて発展しそうです。

蠍座

前世での結婚相手と再びめぐり合ってゴールインするなど、不思議な結婚をする傾向があります。結婚相手が特殊な仕事に携わっている可能性も。また、独占欲が原因で、夫婦関係がもつれることもありそう。共同事業の相手は、とても力のある黒幕的な存在の人物となります。

射手座

国際的なことに関係している相手、高い学識や肩書きのある信用できる相手と結婚できる運命があります。まれに外国人との結婚もありそう。結婚生活そのものはすばらしいのですが、離婚・結婚を繰り返す暗示があります。経済的に豊かな人が共同事業の相手になる可能性があります。

山羊座

結婚相手は年上、再婚者の可能性があります。人生の経験を積んだ努力家で、忍耐強い人と結ばれる暗示。医療、不動産、金融関係の仕事に就く人が相手になる確立が高いようです。ただ、冷淡なところもあり、結婚を持続させるには努力が必要。共同事業の相手には父親がなることも。

水瓶座

衝動的な結婚をする傾向があり、後悔する可能性も。共働きになる可能性が高く、結婚生活は落ち着きがないものに。結婚後は、互いに別の世界を持って共通性が失われることが問題になりそう。共同事業の相手とも衝撃的に結びつく傾向があり、結婚同様に慎重に選ぶことが大切です。

魚座

情にほだされて、奉仕的な人と結婚する暗示があります。相手は優しいけれど不誠実な場合もあり、結婚後にトラブルになることも。ただ、相手の仕事が芸術や化学などに携わっている場合は問題ありません。共同事業の相手は、強さに欠ける面があり、仕事が進まないこともあります。

第8ハウス

―相続・血縁・霊界―

「遺産や相続、血縁、霊界」を表す部屋です。受け継ぐもの、家業や家系の継承、先祖や宗教、生命にかかわるセックスや死も表し、「人生で深いかかわりを持つ人から受け継ぐもの、得るもの」を知ることができます。

◎キーワードは、遺伝・遺産・継承・神・セックス・スピリチュアルなど（キーワードはP49参照）

♈ 牡羊座

財産を増やすことに熱心ですが、冷静さを欠いて財産や相続の問題が生じるかもしれません。遺産相続や事業の継承よりは、独立創業の可能性が高いようです。どちらかを選ぶ場合は、事業の継承を。スポンサー探しには苦労しそう。貸し借りを避けることで平穏に生活できます。

♉ 牡牛座

金銭的支援を他人から受ける暗示があり、遺産の相続など人から得られる財運が期待できます。また、スポンサー運もあるので、事業の立ち上げなどにも成功しやすいといえるでしょう。夫婦生活にも恵まれるので、結婚後の財産額が大きくなることが期待できます。

♊ 双子座

直観力もあり、資産についてよく考え、財産を増やすことに熱心な人です。アイディアも豊富でビジネスに成功して資産を増やす、金融商品で財産つくることも可能です。知的レベルの合う人、知性の高い人がスポンサーになる運があります。結婚後は財産づくりが夫婦の趣味になるかも。

♋ 蟹座

母親、叔母、祖母など、身内の女性からの遺産を相続する可能性があるようです。また、一般大衆がスポンサーとなるような運があるので、人と接する仕事で財を成す可能性も。ただ、本人も配偶者も不安定な財運の暗示があり、譲りうけた財産を保持・持続するには努力が必要になります。

♌ 獅子座

とても強い財運を持ち、常にだれかの支援の手が差し伸べられるので金銭面での苦労は少ないかもしれません。金銭取引に才覚があり、財産を増やすことに成功します。また、結婚した後にまとまった財を得る可能性もあり、まれに子どもが成功して財を与えてくれることもあります。

♍ 乙女座

労働によりコツコツと財産を築いていきます。株式、金融商品などで成功し、それらを管理していく才能もあります。ただ、結婚後は家族の健康への出費が多くなる傾向があり、預金額は健康次第ということもありそうです。兄弟姉妹、親族がスポンサーになる可能性もあります。

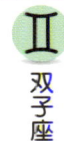

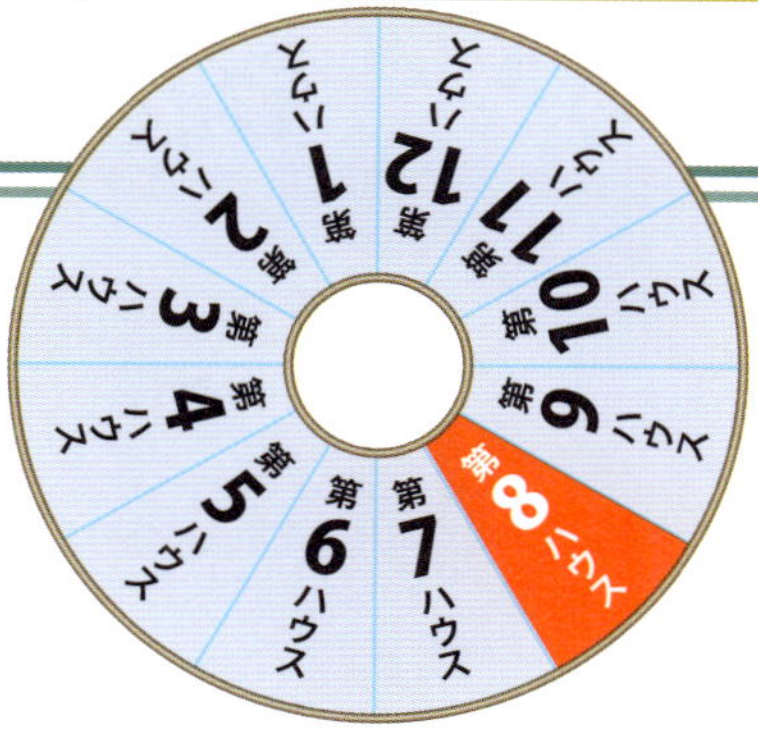

♎ 天秤座

遺産相続などで大金を手にすることがあります。また退職金、慰謝料、保険金などを上手に運用して、財産を増やすことに長けています。結婚後は装飾品、貴金属などの財産も増えますが、相手が散財家であると、資産が減ることも。配偶者、配偶者の親族がスポンサーになる可能性あり。

♏ 蠍座

財産づくりに情熱と努力を傾けることが示唆されています。その成果によっては一代で巨額の財を成すこともあれば、逆に親から譲られた財産を一夜にしてなくすこともあります。愛情をかけてくれる人が、最高のスポンサーとなります。結婚後の財は不安定になりやすい暗示。

♐ 射手座

すばらしい財運を持っていて、夫婦や共同パートナーと協力し合って大きな財を成すことができます。ただ、あれこれ手を伸ばし過ぎてしまうと痛い目に合います。結婚後の財運はよく、相手が資産家、義理の両親からの支援などに恵まれる可能性も。義理の両親は、よいスポンサーに。

♑ 山羊座

遺産相続で不動産を譲られる可能性があります。ただ、あまり資産運用が上手でない配偶者の場合、結婚後に財産は目減りする可能性があるため要注意。資産運用は、年齢を重ねるごとにうまくなる可能性あり。また、祖父母はよいスポンサーになってくれそうです。

♒ 水瓶座

財産にこだわりがないのですが、夫婦共同の資産でもめることが多くありそう。重大なトラブルにならないためにも、慎重に対応するようアドバイスを。また、衝動的な行為で財産を失う暗示があり、常に第三者の判断を仰いで運用を。スポンサー運は悪く、期待薄です。

♓ 魚座

資産運用に関してすばらしいカンが働くので、リスクを伴うような賭け話で大金を得ることがあります。ただ、結婚後は夫婦で財運を増やそうとして失敗することがあるかもしれません。なし崩しに財産がなくならないようにセーブして。スポンサー運は悪く、騙されやすい傾向も。

第9ハウス －探究心・思想・海外－

「探究心や思想、海外」を表す部屋です。未知の分野への探究心や専門的な教養や思想、精神的な向上、海外など遠方との縁、高度で抽象的な面を表し、「未知の分野などの事柄に対してどのように探求し、どんな環境で学んでいくのか」を知ることができます。

◎キーワードは、法律・学術・宗教・出版など（キーワードはP49参照）

牡羊座

熱しやすく冷めやすい精神を持っているため、一時的に熱狂しますが、長くは続かない傾向が見られます。海外などに出ていくことは多々ありますが、よい体験ばかりではないようです。バイタリティがあり、考えるより先に行動するタイプで、思考は後からついてきます。

牡牛座

平和で友好的な精神、豊かな人生観を持っています。人生を楽しみたいと願う気持ちは高く、文化的な教養を高めることに力を注ぎます。外国と縁があり、人生で何度も旅に出、海外で生活することもあるかもしれません。外国人との交流も活発で、国際的なことに心が動きます。

双子座

旅に出て、積極的に学び、多くを吸収する力に恵まれています。海外で得た知識、外国人との交流は宝物となり、人生を豊かにしてくれます。外国の思想にも興味を持ち、語学習得にも熱意があり、海外で長期滞在することもあります。高い志は教育の場で生かされます。

蟹座

大変感受性が鋭く、ロマンチストです。未知のものに対しての適応力にも優れ、外国の習慣にもすぐに慣れて長期的に海外に滞在できる力を備えています。海外での経験が思想にも大きな影響を与えます。常識的で狭い考えにとらわれることなく、創造的で自由な思想を持ちます。

獅子座

高い理想を持ち、大きな心で世間をとらえています。真理の追究には熱心で宗教、哲学、政治学などを学んで思想に反映させることもあり、教育の分野で役立てることもあります。また、海外で働く可能性も考えられます。生まれ故郷を離れ、成功する人が多く見られます。

乙女座

好奇心旺盛で知識欲があります。それが栄養になって強い社会意識へと発展する傾向があり、社会貢献への願いへと育っていくことも。海外の思想などに意識は向きやすく、柔軟に受け入れる傾向が見られます。何度も海外へ旅に出て刺激を受け、外国で働く可能性もあります。

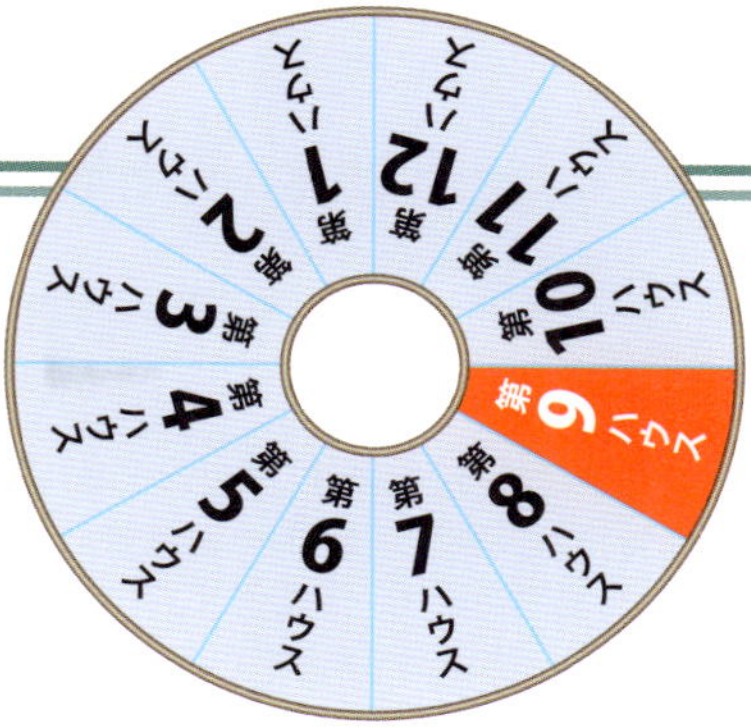

♎ 天秤座

友好の精神を持って、多くの人と交流することに力を注ぐ生き方となります。平和主義でもあり、常に全力を尽くすタイプです。また、愛が人生のテーマになる一方、快楽主義的な傾向も見られます。美術、音楽などの芸術分野で留学し、人生を成功に導くことがあります。

♏ 蠍座

政治的な事柄に気持ちが強く動く傾向があり、弾圧や抑圧されている人たちのことに心を砕いて改善を願う優しい心、正義感と強い意志を持つ人です。理想的な思想を心に抱き、行動に移すタイプでもあります。海外との縁も深く、生涯に渡り外国に出かける可能性があります。

♐ 射手座

「自分の主義主張をより多くの人に伝えたい」という意欲が人一倍強い傾向があります。哲学、宗教、政治などに深い見識と理解力を持ち、外国人からの高い評価を受けることもあります。しかし、楽観主義的傾向も強く「どうにかなるさ」の精神で進む面もあります。

♑ 山羊座

あまり多くの考えに惑わされることなく、ひとつのことにこだわって集中する傾向が見られ、一貫して主義・主張を貫き通す強さを持っています。ただ、どちらかといえば悲観主義の傾向があるかもしれません。海外との縁はあまりなく、旅先でトラブルに合うことも多いようです。

♒ 水瓶座

常識の範囲から逸脱したようなユニークな思想を持つ傾向があります。科学的な目と非現実的な考えが同居しており、本心や思想を確かめることは難しいといえるでしょう。積極的に持論をアピールします。飛行機の旅を好み、海外にはしばしば出ていく可能性があります。

♓ 魚座

鋭い直観力と優しい心で慈善事業などに取り組みます。科学万能な世の中であっても、目に見えないスピリチュアルなものが大事だという思想や神秘主義的な人生観の持ち主でもあります。芸術的なことに特別な理解も示し、海外で人や芸術などとの触れ合いも得られます。

第10ハウス ―目標・達成・社会的役割―

「人生の目標・達成、社会的役割」を表す部屋です。努力して達成する人生の目標の方向と限界を表し、「人生でどんな目標を持ち、達成するか」「社会でどんな役割を担い、どのような成功を手に入れるか」を知ることができます。天職などもこのハウスでわかります。

◎キーワードは、転職・業績・社会的成功・社会的地位など（キーワードはP49参照）

牡羊座

若くして天職・適職にたどり着けるようです。仕事への執着心は強く、一番になりたいと願います。医療の現場や工事現場など、スピーディーな動きや闘争心を必要とする環境で能力を発揮し、高い評価を得ることができます。若くして出世しますが、油断すると降格されることも。

牡牛座

人生を豊かに生きることに重点を置いており、美しい花、装飾品、宝石、芸術的なことを扱う仕事は天職です。また、お金そのものを扱う仕事もまさに天職といえます。長い時間をかけて、その道に取組み、周囲に評価される可能性もあります。天職の中でも技術がものをいう分野はピッタリ。

双子座

自分の受けた知的な教育、知識を存分に生かして仕事をする運命を持ち、社会に知的貢献を行います。若くから頭角を現し、マスコミ、通信、教育、企画などの仕事にたどり着く傾向も見られます。ただ、好奇心が邪魔するので転職し、2度目に就いた仕事で大成する兆しあり。

蟹座

技術を生かした仕事を媒体に多くの人に接する、また営業、販売などで大衆と接する仕事に就く運命が強く出ています。感性が豊かなので、食品、飲食、ハウジングなどの仕事に就く可能性もあります。また、芸能関係やサービス業など、人気で評価が左右する仕事も天職といえます。

獅子座

エネルギッシュな活動で、目上に引き立てられ、チャンスをモノにして高い地位にたどり着くタイプです。明るく自信たっぷりに仕事に取り組み、管理能力にも優れているので人の上に立つことは天命ともいえます。名の通った企業、スポーツ界、芸能界などで働くことも適しています。

乙女座

繊細な神経、知性を生かした完ぺきな仕事ぶりで、早期に成功への道を歩いていくこともありそう。多芸多才な面もあり、その適職は多岐に渡ります。また、本人の好きな分野が天職になる可能性もある反面、激しい好き嫌いが原因でなかなか天職にたどり着かないこともあります。

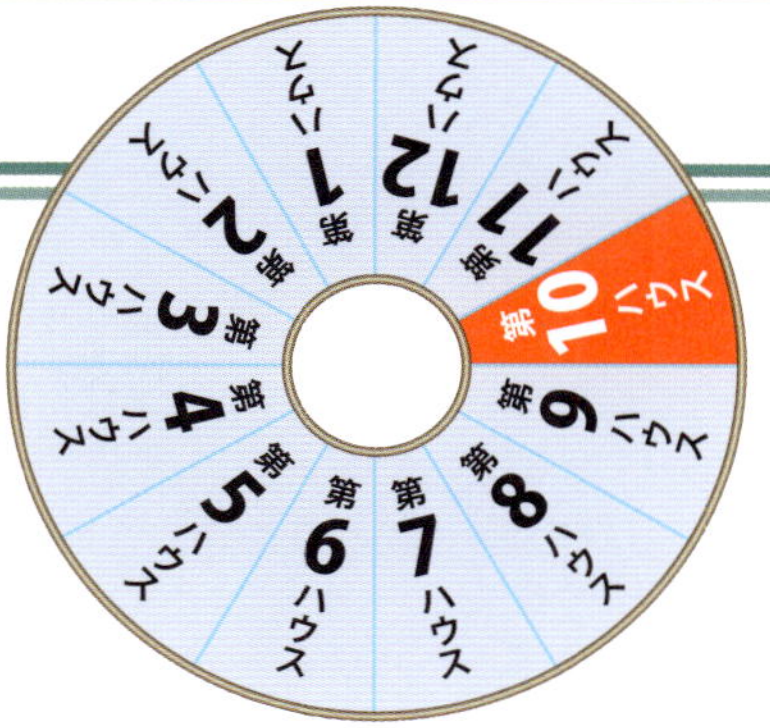

天秤座

社会との深いつながりを暗示しています。若くから社会に出て、早いうちから人にもまれ、育ててもらい、天職にたどり着きます。金融や人に接する仕事は、持ち前の社交性を生かせる天職です。また、ふたつの仕事を同時にこなす能力もあり、ふたつの道で成功する可能性もあります。

蠍座

だれもやらない仕事、創造的な仕事など、大変ユニークな仕事に就く傾向があります。所属する組織や企業の規模にこだわらず、徹底したプロ意識で仕事を押し進め、情熱的に仕事に邁進して多くを成功に導いて行くでしょう。組織に属さず、独立して起業・開業も向いています。

射手座

常に仕事には恵まれます。仕事の幅は広く、複数の仕事に精通することもあり、「どんな方向に向かったらいいものか」と迷うこともあるくらい。また、2度目、3度目に選んだ分野で成功する運を持っています。政治、経済、法律、出版、貿易関係は天職といえます。

山羊座

修練された技術、腕前で社会に出ていく運があります。経験を積んで熟してくる仕事が最も向いています。一匹オオカミ的に活躍のできる医師や看護師などを含む「師業」は天職といえます。ただ、自信喪失、ストレスでの業績ダウンの可能性も。定期的に休息をとるようアドバイスを。

水瓶座

革新的な精神を持ち、未開の分野で仕事をすることを望む傾向があります。最先端技術や最新の情報が集まるテレビ、ネット関連などの仕事、また最新の職種で働くことも天命といえます。ただ、努力により地位を得ても、上に立つ人と対立して転職する可能性も。注意を促して。

魚座

芸術、化学、奉仕などの分野に携わる可能性があります。慈善事業も天職であり、人々を救うこと、役に立つことを第1の理想として仕事を選ぶ傾向があります。政治家、宗教家などにも向いています。仕事の評価はすぐに出ませんが、時間を経て高く評価されます。

第11ハウス －コミュニケーション・未来・改革－

「コミュニケーション・未来・改革」を表す部屋です。人生を豊かにしてくれる価値観の似ている仲間、未来の展望や願望、社会にもたらす改革を示し、「どんな人間関係を築き、どんな希望や喜びを得られるか」がわかります。

◎キーワードは、グループや団体、未来のビジョンなど（キーワードはP49参照）

牡羊座

刺激の少ない相手とのつき合いは苦手で、情熱的で意欲的、行動的で常に新しい刺激を与えてくれる仲間との交流を好みます。その交流を通して自分を表現したいと願います。ただ、仲間内の口論やケンカも多く、結びつきやすいけれど簡単に離れてしまう傾向があります。

牡牛座

おだやかで親切な友だちや仲間を持つことを暗示しています。花や美術、音楽を愛する円満な性格の人たちに囲まれ、とても気持ちよい友情を育むことを望みます。ただ、贅沢に傾きやすい傾向もあるため、同じような経済観念を持つ人であれば、長くつき合うことができるでしょう。

双子座

おしゃべりで情報通、精神活動が盛んな人たちと親しくなるでしょう。好奇心旺盛な仲間に刺激され、精神的に鍛えられることが本人の生涯の希望となります。仕事や趣味の習い事など、知的な分野を通じての友だちが多くなるでしょう。年下に慕われる傾向もあります。

蟹座

さまざまな活動に精通している友だちと交流を持ちます。親しくなると家族ぐるみの交際になり、身内のようにつき合うでしょう。みんなに好かれることが望みであるため、人にいい顔をしてしまいそう。しかし、それが自分の首を絞めることもあるので注意を促して。

獅子座

自分の生活環境よりも、さらによい生活している友だちや仲間を持つ傾向があります。友だちは心の支えであり、成功することが願望です。そのため、豊かな生活の人たちとの交流は喜び、自慢のタネにもなります。ただ、生活環境の差があり過ぎるつき合いはうまくいかないようです。

乙女座

常に社会と結びついていたいと望んでいるので、学校や職場、習い事などで知り合った知的で社会性のある人たちと長く深い友情を築くことができます。有能な仕事仲間とのつき合いも大切にします。ただ、皮肉屋が前面に出ると友だちが去っていく可能性があるので注意するようアドバイスを。

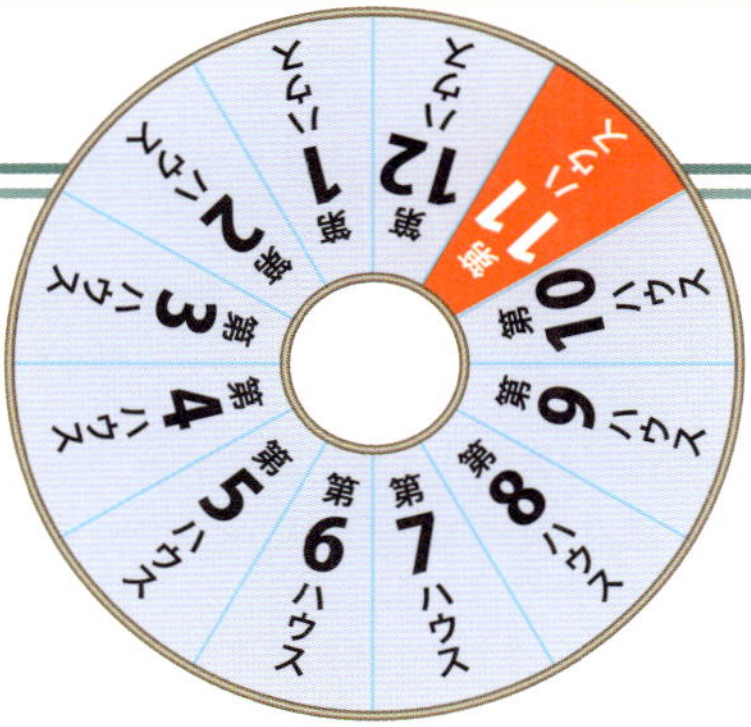

天秤座

おしゃれで社交的な人たちと過ごすことを好み、やや快楽主義的な傾向がある人にも魅力を感じて親しくつき合うことを望みます。幸運は、常に友だちや仲間からもたらされることが多いようです。ただ、経済面が一致しないと長いつき合いは難しくなる傾向があります。

蠍座

個性的で独創的、普通とは少し変わっている友だちや仲間を持ち、彼らとの情愛深い交流をとても大切にします。しかし、恨み、嫉妬などの感情的なことが原因で友情が長く続かないこともありそう。自らの希望には忠実であり、希望どおりになるまでは、決してあきらめない傾向も。

射手座

親しくなる友だちは、地位や名声もある人が多く、よりよい方向へ導いてくれる可能性があります。裕福な人たちにも好かれるので、本人の願望である「豊かに大きく成長する」ことによい刺激を与え、発展させることも。ただ、偽善的な人に出会うこともあるので、見極める目を持つようアドバイスを。

山羊座

人数は少ないけれど、誠実な友だちを持つことができます。友情は生死を分かつまで持続することができ、それが本人の望みでもあります。また、年老いてからも同じ目的、理想を持つ仲間と集い、刺激し合う生活を望んでいます。年長者の友だちからは厚い信頼を得ます。

水瓶座

個性的で斬新な考えをするユニークな友だちや仲間を持つでしょう。自分の理想を貫きたいと望んでいるので、政治的なグループ、革新性の強い団体などに心を奪われる傾向があります。ただ、友だちとのつき合いは主張の違いでぶつかりやすく、長く続かない傾向も見られます。

魚座

心優しく、情愛深い友だちとの交流が暗示されています。人のために尽くしていたいという願望があり、奉仕活動に興味を示して慈善事業などに取り組む人たちと親密になります。また、芸術、音楽に携わっている人たちとの交流にも熱心になりますが、つき合いが安定しないことも。

第12ハウス　－最も深層にある願望－

「最も深層にある願望、心の中のイメージ」を表す部屋です。隠れた敵や公にせず行っている善行など、人から見えない部分を示しているのが、この部屋の特徴です。「自分では気づかなかった本質、無意識のうちに求めているものがなにか」がわかります。

◎キーワードは、静養･心の健康･奉仕･個人の秘密･孤立･隔離など（キーワードはP49参照）

牡羊座

おだやかな時を過ごせず、疲れがとれない傾向があります。常にオーバーワーク気味で静養する暇もなく活動することから、積極的に身体を休める努力が必要です。また、明確さを好むので、成果があまりハッキリ出ないボランティアなどの奉仕活動は苦手かもしれません。

牡牛座

奉仕や慈善事業への感覚が自然に備わり、奉仕することが生活の一部になっているようです。人のためにと無意識に多くを分け与えていることがありそう。癒しを享受する能力に長けていて、美しい花、音楽が心と体を癒します。ただ、癒され過ぎると怠け者になりやすい傾向も。

双子座

常に多忙で、働き過ぎが原因で神経がピリピリしやすい傾向があります。癒しを得るにはできるだけリラックスできる状態をつくるよう努力が必要だといえます。また、口は災いの元になりやすく、知らないうちに敵をつくってしまうこともあるので気をつけるようアドバイスを。

蟹座

感情の起伏が激しく、静養がなかなか難しいようです。外では自信があるように振る舞っていても、内面では自信がなくコンプレックスを抱えていることもあります。寂しがり屋なところがあり、人の温もりを常に求めています。人によって癒されるタイプといえます。

獅子座

まず自分より人のことを考える、奉仕的な傾向が見られます。若いころから人には親切で人から感謝され、言葉をかけられることが自らを癒すことにつながります。常にドラマチックな事柄が癒やされる要因としてあげられます。恋愛で心が癒されることも多々あります。

乙女座

敏感で常に精神が落ち着かず、人の評価を気にし過ぎるため、健康面に支障をきたすなど、自らを癒すのはヘタ。奉仕的活動にはとても熱心で、人のために見えないところで努力する真面目なタイプでもあります。また、慈善事業などが職業になることもあるようです。

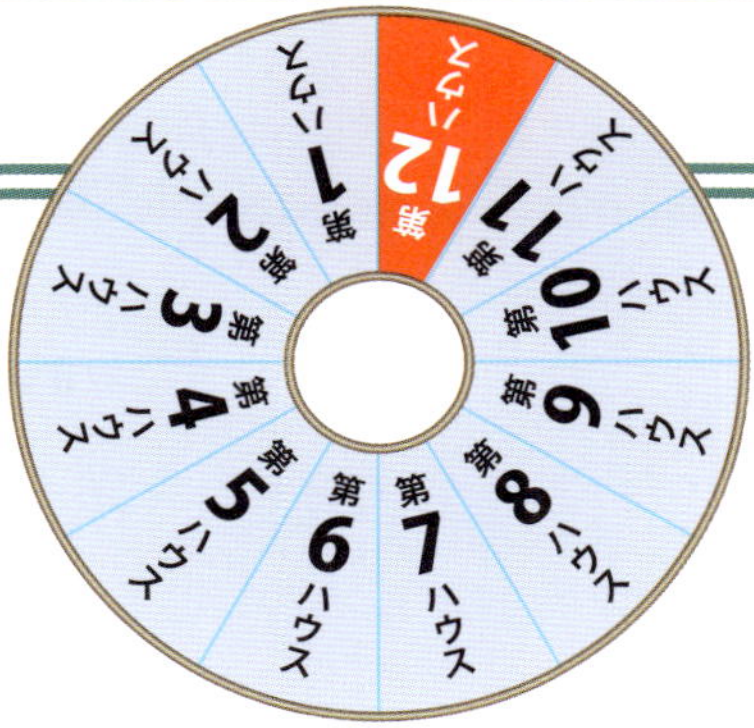

♎ 天秤座

人が好きで、人の温もりを求め、人とのコミュニケーションで疲れを癒すタイプです。また、自分らしくいられる時間や場所がやすらぎを与えます。奉仕活動にも前向きで植林、花を育てるような自然とかかわる活動、女性の地位向上のための活動などに熱中することもあります。

♏ 蠍座

情愛深く困っている人には、自然と手を差し伸べて救世主的な存在となる傾向があります。ただ、独断的でルールを決定することがあるため、人から理解されにくい面も。執着しやすい性格でもあるため、気になることがあると心が休まらず、心身は癒されにくいようです。

♐ 射手座

宗教にかかわる場所で長く奉仕活動を続け、周囲の人たちを大きな心で包み込んでいくでしょう。その行いは常に多くの人に尊敬され、中年以降になってから表彰されるほど評価されます。本人にとっては、人に感謝されることが〝癒し〟という恩恵になることが多いようです。

♑ 山羊座

高齢になってから、奉仕の精神に目覚めます。真面目に奉仕活動に取り組み、多くの時間を費やして人々のために尽くします。若いころは、ストレスを感じてウツウツした気持ちになって心が解放されることは少ないのですが、高齢になってから癒されると感じる時間も多くなります。

♒ 水瓶座

人生のある期間に慈善団体などにも加入して、博愛精神に基づいた奉仕活動にとても熱心に取り組むようになる。神経質なところがあるため、些細なことで傷つき、心を病む傾向も。ゆったりと癒しを得ることは難しいタイプ。この人にはダイエットもストレスの要因となります。

♓ 魚座

目に見えない不安、恐怖が強いタイプとなります。鋭いカン、鋭い察知能力からくる怖れといえるでしょう。対人関係では過敏なことが、疲れを貯めてしまう原因です。気に入った音楽や香りは、心を癒してくれます。奉仕活動は目に見えないところで寄付をしたり、善行を行います。

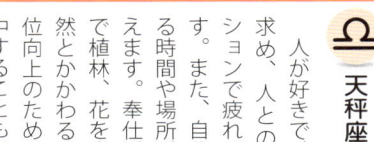

12星座の「エレメント」から相性を見極めてみよう

星座が持っている性格や価値観＝エレメントから、相性や人間関係を見極めることができます。また、「水×地」「地×水」は同じように見えますが、「水」から見た「地」、「地」から見た「水」では互いの見え方が違います。相性を読み解けば、人間関係がスムーズになるアドバイスも行えます。

エレメントの相性図

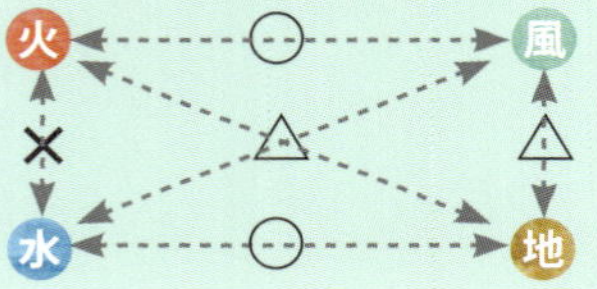

火のエレメント　情熱的な人たち＝牡羊座　獅子座　射手座

- 火 ◎ 共感し合える抜群の相性。「火」同士は互いの個性を生かせる相手。興奮とチャレンジを愛する者同士で、よく理解し合える。
- 地 △ 「火」は「地」に制限を加える人。先頭に立つ「火」、一歩下がって状況を見極める「地」ではリズムが合わず誤解も生まれやすい。
- 風 ○ 「火」にプラスのエネルギーを与えるのが「風」。炎に風が加わると炎は勢いよく燃えるように、ひとつの目標に向かうと互い力が倍増する。
- 水 × 真逆の性質を持つ「火」と「水」のため、わかり合うことは難しい。だからこそ魅力的と感じるが、「火」の炎が水に消されてしまうことも。

地のエレメント　実務的な人たち＝牡牛座　乙女座　山羊座

- 火 × 激しく燃える「火」に手こずるはず。懐が深い「地」の寛容さで「火」を上手にリードすればOK。ただ、そうでない場合は「地」の負担に。
- 地 ◎ 互いにコツコツと努力して関係を築き上げる好相性。関係性を築くまで時間がかかるが、信頼し合い、言葉少なくてもツーカーの仲に。
- 風 △ 「地」は内向的で地道に着実に進もうとするが、「風」は自由自在に前進するため、協力し合うには努力が必要。お互い忍耐が大切。
- 水 ○ 技能の「地」をフォローしてくれるのが感性の「水」。互いに不足部分を補い、時間が経つほど信頼度は深まり、互いに将来発展する関係に。

風のエレメント　理知的な人たち＝双子座　天秤座　水瓶座

- 火 ○ 「風」の機転のきいたアイディアが「火」の情熱でさらに膨らむ…すばらしい相性。「風」「火」とも既成観念にとらわれず、互いを補う関係に。
- 地 △ 自由闊達、融通の効く「風」と地に足がついて頑固な「地」は、真逆の性質で相性はイマイチ。けれど、「地」を尊敬できれば衝突は回避できそう。
- 風 ◎ 強い連帯感が生まれる相性。好奇心旺盛、多芸多才で楽しいつき合いに。「風」同士は、互いのよさを引き出し、生かしてくれるはず。
- 水 × クールで理性的な「風」の感情を乱すのが「水」。ひたひたと知らないうちに近くに寄ってきて、迷いやすさを刺激し、痛いところをつく相手。

水のエレメント　情緒的な人たち＝蟹座　蠍座　魚座

- 火 × 内向的で感じやすい「水」は、外交的で情熱的な「火」に振り回される関係。「水」の思考は「火」に分かりにくいので、理解し合うは難しそう。
- 地 ○ お互いを思いやることができる相性。「水」の豊かな感情をしっかりと受け止めるのが「地」。互いのペースでゆっくりと関係を深める組み合わせ。
- 風 △ 互いに定まらない性質を持つため、人生の目的もはっきりせず互いに迷う間柄。「水」の気持ちを荒立てて、より感情的にさせることも。
- 水 ◎ 「水」同士は、思いやりがあり、相手の気持ちに忠実で高い理想に向かい切磋琢磨するよい関係。情愛深く、なかなか離れにくい最高の相性。

第3章

中級編

ホロスコープから目的別に「運勢」を読み解くレッスン

STEP 1

12ハウス×12星座から「運勢の全般運」を占う

ホロスコープは、人生のさまざまな分野の傾向を教えてくれます。中級編の第3章では、ホロスコープを使って「恋愛運」「結婚運」「仕事運」「金運」の4つの運勢について読み解きます。

マスターした知識で本格的にホロスコープを読み解く

基礎編の第1章では、12太陽星座で「潜在的な性格」を、4つの要素から「パーソナリティ」を読み解き、初級編の第2章ではホロスコープを作成して「12ハウスのキーワード」と「12太陽星座」を見極めて「人生の方向性」を読み解く方法をマスターしました。

中級編の第3章では、今までの知識を生かしながら、作成したホロスコープから運勢を読み解きます。

まずは、STEP1で「12ハウス×ハウスの星座」（P79～P100）で各運勢の「全般運」を中心に、STEP2では「12ハウスにある惑星の星座×惑星のある星座の守護星」（P102～P116）で各運勢の「傾向」「行動」などを詳しく読み解いていきます。

「ハウスのキーワード」と「ハウスの星座」で運勢を占う

まず、STEP1では、占いたいキーワードが「どのハウス」にあるか、そしてそのハウスには「どの星座」が入っているのかを見極めます。そこから各運勢の「全般運」などを読み解いていきます。

12ハウス（第2章P49参照）は、それぞれキーワードを持っています。それぞれ示されたキーワードは、ホロスコープの運勢を読み解くための重要なカギになっています。

読み解くポイント

各運勢を12ハウス×12星座で読み解くポイント

● 太陽の位置からハウスをみつける

ここチェック!!
「太陽（マーク）」のある場所を「第１ハウス」に

出生時間が不明の場合は、第2章でマスターしたように太陽の入っている星座を第1ハウスにして、各ハウスを見つけ出しましょう（第２章P50参照）。

＊出生時間のわかる場合は、P119「出生時間を入力してホロスコープをつくる手順」を参照）。

「第5ハウス」から読み解く方法

恋愛運

「第5ハウスの星座」から「恋愛運全般」を読み解きます。
西洋占星術では、恋愛と結婚は違うものと考えるため、
「恋愛」のキーワードを持つ「第5ハウスの星座」を読み解きます。

占う手順

① 例題を使って、出生時間のないホロスコープを作成する（第2章 P45 参照）。
② 作成したホロスコープで「第5ハウス」を確認して、第5ハウスに入っている「ハウスの星座」を確認する。
③「恋愛運」の解説データ（P80 ～ P82）から、②で確認した「ハウスの星座」のデータを読み解く。
※出生時間のわかる場合は、出生時間を入力したホロスコープを作成します（P119 参照）。

例題
誕 生 日：1994年7月5日
出生時間：出生時間不明
出生場所：東京

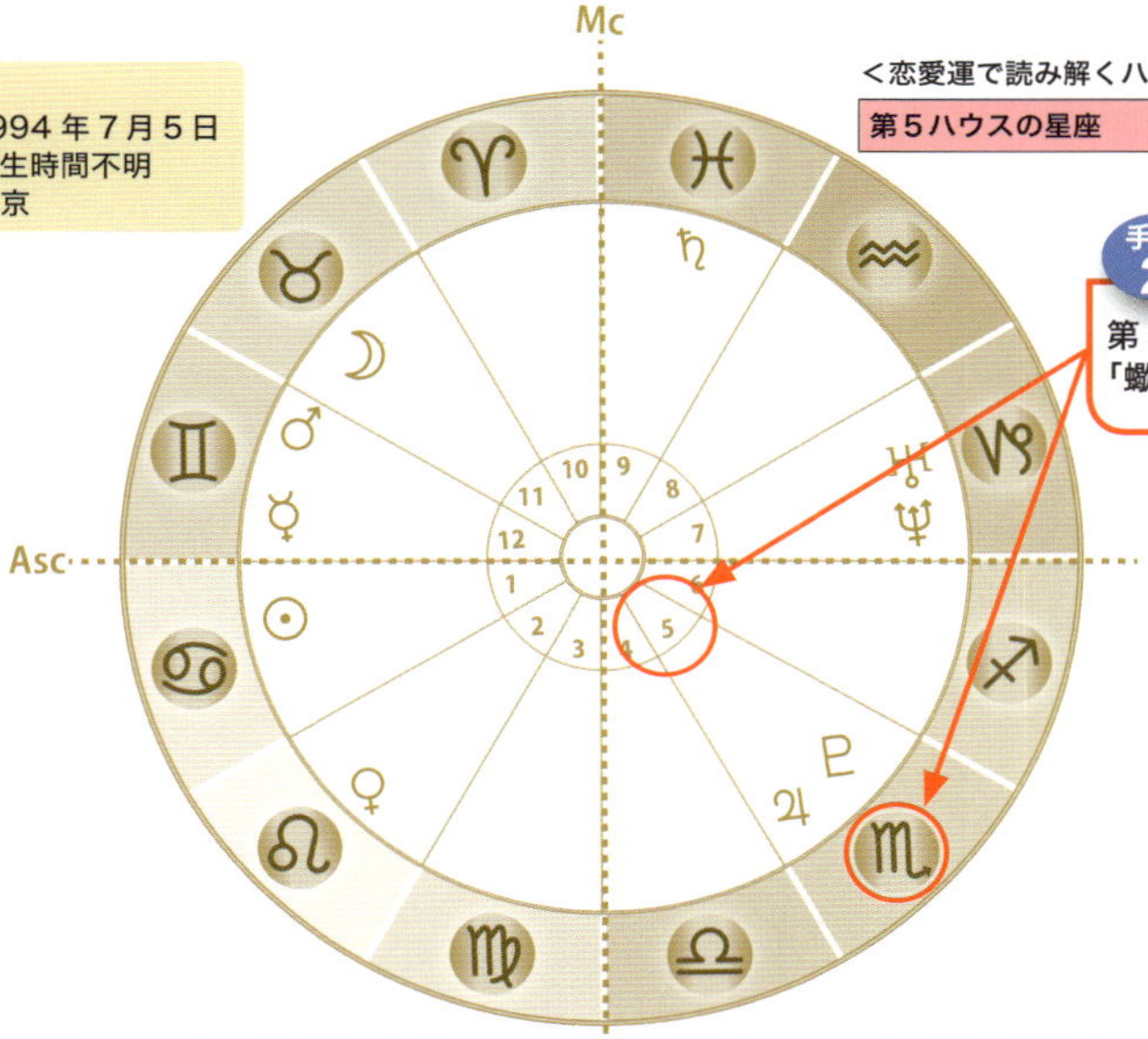

＜恋愛運で読み解くハウスとハウスの星座＞

第5ハウスの星座	蠍座

手順2
第5ハウスの星座は「蠍座」

牡羊座＝♈ 牡牛座＝♉ 双子座＝♊ 蟹　座＝♋ 獅子座＝♌ 乙女座＝♍
天秤座＝♎ 蠍　座＝♏ 射手座＝♐ 山羊座＝♑ 水瓶座＝♒ 魚　座＝♓

「第５ハウスの星座」で読み解く

恋愛運全般

第5ハウスでは、ハウスの星座で「恋愛運全般」を占います。

第5ハウスは「人生の喜びや楽しみ」を表す部屋です。

キーワードには「恋愛」「恋人」「自己表現」などがあり、「恋愛への考え方」「恋愛相手」「望む恋愛の傾向」「アプローチ方法」などを恋愛全般から読み取ることができます。

例題では、「第5ハウスの星座」である「蠍座」を読み解きます。

占う コツ

恋人も一緒に占って、よい恋愛へと導いてあげましょう

恋人がいる場合、また「片思いを実らせたい」のであれば、本人だけでなく相手の「第５ハウスの星座」も確認し、相手の「恋愛運全般」を読み解いてアドバイスをしてあげましょう。

さらに、第１章「潜在的な性格・パーソナリティ」で読み解いたデータを加えることで、ふたりの性格を加味した相性やアドバイスを行います。

また、結婚を考えているなら、本人の「結婚運」（P83 ～ P89）も合わせて読み解きます。

さらに、STEP2の「金星・月×金星・月のある惑星の星座の守護星」の恋愛運の解説データ（P104 ～ P107）を合わせることで、深くアドバイスが行えるようになります。

♈ 牡羊座

**燃えやすく、冷めやすい恋愛傾向。
別れを決める前に立ち止まる努力を**

「直感的、動物的」な恋愛をするタイプ。目の前に魅力的な異性がいれば、一気に燃えて猛烈にアタックするはず。ただ、その熱意は長く続かず、短い期間に終わる恋愛が多い傾向に。冷めそうになったらすぐに結論を出さず、一度立ち止まって考えることをアドバイス。

♉ 牡牛座

**贅沢な恋愛を望むため、
恋愛へのハードルは高そう…**

大変贅沢な恋愛を望み、経済的にも安定した人との交際を望む傾向。とても魅力的な人とロマンチックな恋をする暗示。ただ、相手に対する条件のハードルは高く、とくに外見にこだわる人が多いよう。恋人に対する独占欲も強く、嫉妬深いのも特徴。

♊ 双子座

**恋愛感覚は軽く浅く…、
恋愛は精神的つながりを求める傾向**

どんな人に対しても恋愛感覚は軽く浅くの傾向で、さっぱりした恋愛になることが多い。早ければ幼稚園のころから恋愛感情が芽生えるほど、早熟の人が多いよう。そのため、恋愛の回数は多くなりますが、恋愛には“精神的なつながり”を強く求めるのが特徴。

♋ 蟹　座

**物語のようなロマンチックな恋愛が望み、
相手に影響される傾向あり**

相手を美化し、恋に恋するようなロマンチックな恋愛を望む傾向。自分のロマンチックな思考を理解してくれる相手なら楽しい恋に。逆に理解してもらえなければ、恋愛は成熟しにくいといえるかも。また、相手の影響を受けて性格や生活環境が大きく変化することも。

♌ 獅子座

**情熱的で恋愛経験も豊富だけれど、
恋愛で人生を左右されることも**

陽気で楽しく活気に溢れた情熱的な恋愛が特徴。一目惚れから始まることが多く、とても積極的にアプローチするタイプ。恋そのものを楽しむことができるため、恋愛の回数も多く、しかも成功確率は高い。そのため、恋愛経験は豊富だけれど恋愛で人生が左右されることも。

♍ 乙女座

**恋愛に慎重すぎて、
なかなか恋に落ちないタイプ**

恋愛に、精神的な繋がりを強く求める傾向あり。真面目な性格ゆえに、固定したマイルールで恋愛を進めるタイプ。そのルールの手順にこだわり、恋に悪い影響を及ぼすことも。基本的に恋愛には慎重で、せっかく魅力的な人と出会ってもなかなか恋に落ちないタイプ。

蠍座

情熱的な恋愛になりやすい傾向、クールダウンを大切に

情熱的でいつも恋は命がけの本気モード。恋愛ではほかが見えなくなってしまい、恋人が生きるすべてになりやすいタイプ。そのため、相手に利用されて身を亡ぼすことも。クールダウンするために、恋愛以外にも熱中できるものを見つけるようアドンバイスを。

天秤座

楽しい語らいを好み、つかず離れずが、理想的な「友愛中心の恋」

同じ目的や同じ環境にいる人と恋をする「友愛中心の恋」の傾向があり、身近な相手と恋愛関係になりやすいタイプ。楽しい語らいを好み、つかず離れずの関係が理想的。恋をしてもクール。反面、移り気なところもあり、恋の遍歴を重ねることも。

山羊座

恋愛には慎重で消極的で、確実に好かれていることが恋愛の条件

多少恋愛コンプレックスあり。恋愛には慎重で消極的で自分から積極的に告白するようなことはなく、恋の成就にはかなり時間がかかるタイプ。恋のスタート条件は、確実に好かれていること、あるいは積極的にアプローチされて相手の熱意にほだされて…ということが多い傾向。

射手座

恋愛は多彩で恋多きタイプ。恋人の影響でランクアップする可能性も

恋人選びに関しては大らかでこだわりがなく、恋愛パターンは多彩で恋多きタイプ。つきあい始めると結婚まで考える傾向あり。ただ、理想的な相手と恋に落ちる暗示もあり、地位ある人、人格者との恋で性格や生活環境などをランクアップさせることも。

魚座

感情に左右される安定しない恋愛運が特徴

恋をするとトコトン相手に尽くして盲目となるタイプ、ただ、一方気まぐれな感情から恋を中断させてしまう…なんてことも。感情に左右される、安定しない恋愛運が特徴。相手をよく見ないで恋愛をスタートさせることも多いため、勘違いで始まる恋や格差のある恋も多い。

水瓶座

恋愛は偶然の出会いや衝動的な出会いからスタート！

ドキドキすることを重視し、日常いつも一緒にいる相手にはあまり興味がないよう。恋愛のスタートはより衝動的で、偶然の出会いで始まることが多いため、長続きしないことも。ただ、面白い出会いなどに興味があるため、失恋しても恋に臆病にはならないタイプ。

「第7・8ハウス」から読み解く方法

結婚運

「第7・8ハウスの星座」から「結婚運」を読み解きます。
「第7ハウスの星座」からは「結婚運全般」を読み解き、
「第8ハウスの星座」からは「結婚後の生活」を読み解きます。

占う手順

① 例題を使って出生時間のないホロスコープを作成する（第2章 P45 参照）。
② 作成したホロスコープで「第7ハウス」を確認して、第7ハウスに入っている「ハウスの星座」を確認する。
③ さらに、作成したホロスコープで「第8ハウス」を確認して、第8ハウスに入っている「ハウスの星座」を確認する。
④「結婚運」の解説データ（P84～P89）から、②③で確認した「第7・8ハウスの星座」のそれぞれのデータを読み解く。

※出生時間のわかる場合は、出生時間を入力したホロスコープを作成します（P119 参照）。

例題
誕 生 日：1994年7月5日
出生時間：出生時間不明
出生場所：東京

＜結婚運で読み解く
ハウスとハウスの星座＞

第7ハウスの星座	山羊座
第8ハウスの星座	水瓶座

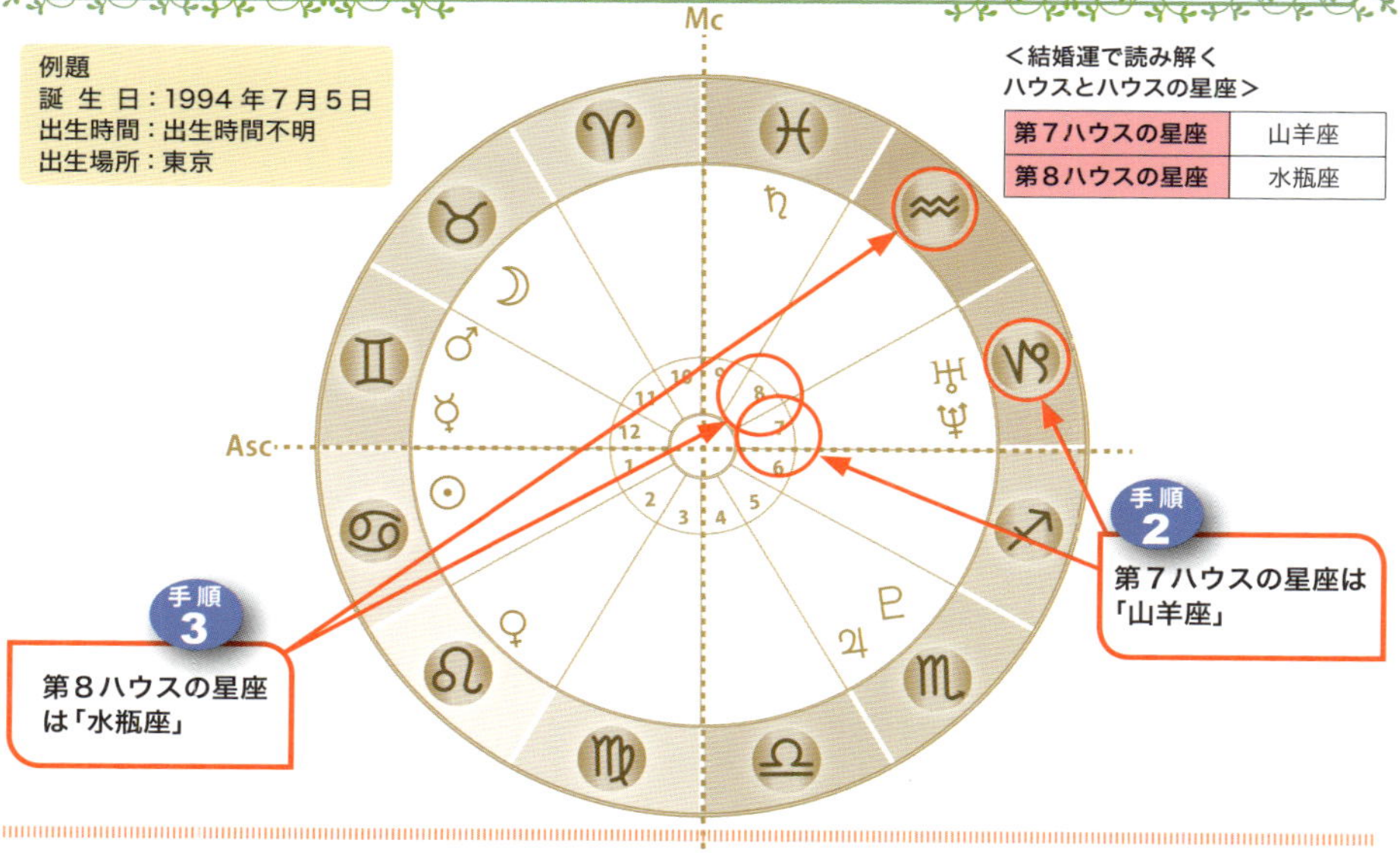

牡羊座＝♈ 牡牛座＝♉ 双子座＝♊ 蟹　座＝♋ 獅子座＝♌ 乙女座＝♍
天秤座＝♎ 蠍　座＝♏ 射手座＝♐ 山羊座＝♑ 水瓶座＝♒ 魚　座＝♓

「第７ハウス」から読み解く

結婚運全般

第7ハウスでは、ハウスの星座で「結婚運全般」を読み解きます。

第7ハウスは「最も深い関わりを持つ人」を表す部屋です。キーワードには「結婚」「配偶者」「パートナー」などがあり、結婚前の「結婚の可能性」「結婚相手と出会うきっかけ」「結婚相手の姿」「望んでいる結婚の形」など、結婚全般について知ることができます。

例題では、「第7ハウスの星座」である「山羊座」を読み解きます。

占う
コツ

恋人との相性、恋人の「結婚運全般」「結婚生活全般」を読み解く

占う相手が結婚を考えている場合、まず占う本人、その恋人の「潜在的な性格・パーソナリティ」（第１章）と第２章「第７ハウス× 12 星座」(P64 ～ P65) から、ふたりの結婚相手としての相性を読み解きましょう。

つぎに、その恋人の「結婚生活全般運」(P87 ～ P89) を読み解いて、イメージできる結婚後の生活をアドバイスします。

また、恋人の両親の「潜在的な性格・パーソナリティ」や「人生の方向性」を読み解くことも幸せな結婚や結婚後の生活を読み解くカギになります。さらに、STEP 2「木星×木星のある星座の守護星」の「結婚運」のデータ（P109 ～ P110）を合わせることで、さらに深くアドバイスが行えるようになります。

牡羊座

結婚が人生の勝利！
焦って結婚する傾向あり

恋愛の延長上に結婚があり、結婚が人生の勝利と考えるタイプ。入籍だけの結婚をするなど「早く結婚したい」という思いから焦って結婚する傾向も。結婚は即決せず、時間をかけて決めるようアドバイスを。男女とも行動的なタイプと結ばれる可能性あり。

牡牛座

結婚相手の容姿も重視するが、
結婚に一番望むのは「安定した結婚生活」

本人が満足する相手と結婚する暗示。結婚に一番望むことは「経済的なことも含めた安定した結婚生活」。結婚相手の容姿にはかなりのこだわりがあり、自分の美的意識を満足させてくれる相手との結婚を望む傾向も。 社交性・社会性のない相手を選ぶ可能性もあり。

双子座

会話の楽しさや博識さなど、
結婚相手に望むのは「すばらしい知性」

結婚相手に望むのは「すばらしい知性」。高学歴や知的分野の職業を持ち、尊敬される人との結婚を望む傾向。結婚相手を選ぶ要素は、会話の楽しさや博識さなど。また、結婚相手では、家庭環境が似ている人、社交的な人と結ばれる傾向に。

蟹　座

早婚の傾向あり、家庭環境などが
似ている人となら「幸せな結婚」に

好きになってすぐに結婚を考えてしまい、若いうちに結婚する人が多い傾向あり。結婚相手は、家庭的で気が利く人であれば理想的。また、不安定な結婚生活や離婚の危機を向かえる可能性も。家庭環境などが似ている人を選ぶと幸せな結婚に。

獅子座

ハイレベルな相手との結婚に縁あり。
経済的に恵まれた結婚

とてもよい結婚運の持ち主。高い地位にいる人、一流企業に勤めている人、有名人などが結婚相手になる縁があり。また、結婚相手は尊敬されるしっかりした性格の人を選びそう。そのため、経済的に恵まれた結婚に。ただ、まれに結婚相手が支配的なタイプの可能性も。

乙女座

よく働く良識ある人物と結ばれる暗示。
結婚は周囲に祝福されて幸せなものに

とても純粋な考え方で、よく働く良識ある人物と結ばれる暗示あり。結婚相手は、話し上手で気楽につき合える人、または仕事関係の可能性あり。ただ、いざ結婚となると臆病になる傾向があるけれど、結婚は周囲に祝福され、幸せなものになるはず。

蠍座

信念のある人で金銭感覚が同じなら、
幸せな結婚生活に

情熱的でたくましく、苦難にも立ち向かう信念のある人と結ばれる可能性あり。結婚相手と金銭感覚が一致しているなら、さらに良縁。結婚前に同棲、妊娠して結婚する可能性も。独占欲が原因で、夫婦関係にトラブルが生じることもあるので注意。

天秤座

幸せな結婚生活は、
結婚相手の育った環境がカギ！

「どんな環境で育った人を選ぶか」で人生がガラリと変化する暗示。結婚相手は、温厚で美意識が高く、洗練されていて経済的にも豊かな人を選ぶ傾向あり。その場合、祝福されて結婚し、結婚相手の親族との関係も良好で円満な家庭生活が望める。

山羊座

結婚には保守的で慎重、
手堅い職業の人に縁あり

自分で相手を見つけるのではなく「お見合い結婚」「紹介で結婚」など、他人を介して保守的で慎重な結婚をする暗示。とくに、経済面の安定を望む傾向あり。結婚相手は、かなり年上やバツイチも。金融、医療関係などの手堅い職業の人に縁あり。

射手座

結婚生活に不自由さを感じて、
結婚・離婚を繰り返す可能性あり

結婚は一度では収まらない暗示。結婚するたびにタイプの違う相手が登場する可能性あり。結婚によって、世界が広がっていくはず。結婚自体＝不幸という感覚はないものの、結婚に不自由さを感じる傾向あり。まれに国際結婚の可能性も。

魚座

結婚を望むのは「心の癒し」。
意見や感性が似ていると幸せな結婚に

結婚相手に安らぎを求める「心の癒し」が中心の結婚を望むタイプ。情にほだされて結婚を決める傾向があり。また、結婚相手によって、人生観が変化する可能性も。趣味や好みなど、好きなものへの意見や感性が似ている人となら、幸せな結婚になるはず。

水瓶座

友情が突然に愛情に変わって、
結婚する傾向あり。

学校、職場の仲間などでめぐり合い、友情が自然と愛情に変わって結婚する暗示。結婚の決め方は衝動的で、友情が段階を踏まずに急に愛情に変わって結婚する傾向。結婚相手は、頑固で個性的な人を選ぶ傾向も。結婚形態は、できちゃった婚などの可能性も。

「第8ハウス」から読み解く

結婚生活全般運

第8ハウスでは、ハウスの星座で「結婚生活全般運」を読み解きます。

第8ハウスは「人から譲り受けるもの、次世代につなぐもの」を表す部屋です。

キーワードには「結婚生活」「相続」「継承」などがあり、結婚後の「結婚生活の生活レベル」「結婚生活の生活環境」「家族や親族などとのかかわり」など、結婚後の生活について知ることができます。

例題では、「第8ハウスの星座」である「水瓶座」を読み解きます。

占うコツ

相手が結婚生活の「なにを知りたいか」を見極めてから占いましょう

まず、占う相手が結婚生活の「なにを知りたいか」を見極めましょう。

これから結婚するのであれば、本人だけでなく恋人も一緒に占います。また、すでに結婚している場合、配偶者も一緒に占います。

さらに、経済的なものであれば、恋人や配偶者の「仕事運」(P90 ～ P96)、「金運」(P97 ～ P100)も合わせて読み解きましょう。また、恋人や配偶者の家族を占うことで「家族や親族などとのかかわり」なども見極めることができます。

また、STEP2の「木星×木星にある星座の守護星」の「結婚のハッピー度」のデータ(P109 ～ P110)を合わせることで、さらに深くアドバイスが行えるようになります。

牡羊座

結婚生活は、経済面が不安定な暗示。
問題は夫婦間のスキンシップで解決

結婚後の生活は、精神的な絆を大事にする結婚のため、経済的なベースが薄く、不安定で生活力には欠ける傾向に。金銭感覚や金銭管理など、心がけるようアドバイスを。結婚後、性格の不一致面が多々出る可能性があるが、夫婦間のスキンシップでトラブルを回避できるはず。

牡牛座

結婚後の生活は、
平均点を超える安定したものに

結婚後の生活は、配偶者が経済的な幸せを与えてくれる可能性は高く、平均点を確実に超える安定したものに。また、結婚後、金銭的な支援を得られる可能性あり。子どもにも恵まれる暗示。結婚後は経済的に余裕が出るため、贅沢志向になりやすいので注意。

双子座

結婚当時の夫婦生活を維持。
配偶者以外の異性とのトラブルに注意

結婚後の生活は、夫婦で結婚当時の生活を維持し、いつまでも見た目も若々しい夫婦生活を送る暗示。結婚後も知的レベルがアップ、人間的魅了も増すはず。また、ふたりで協力して、資産を増やすことも。ただ、配偶者以外の異性との交際でトラブルの暗示あり、要注意。

蟹　座

結婚後の生活レベルはアップの暗示。
親族の手助けがあるかも

結婚後の生活レベルは、高くなる可能性あり。「夫婦で不動産を購入する」など、とくに不動産には縁がありそう。また、親族の手助けなどで、経済的に安定することもある。ただ、多くの人と交流が多いため、夫婦水入らずの時間は少ないかも。

獅子座

精神的にも経済的にも生活は安定。
子どもにも恵まれる結婚生活に

結婚後は、精神的にも経済的、肉体的にも生活は安定する暗示。とくに、配偶者の仕事が発展する、自身も投資などで大きな財を手にするなど、大きな利益が期待できそう。また、将来、子どもが成功して経済面をバックアップしてくれる可能性も。

乙女座

夫婦で働き、経済的にも安定。
海外赴任などの移動が多くなる可能性も

結婚後は、ふたりで働いて資産を増やす、出費がかさむ時期に資産運用に興味を持つなど、経済的に安定した生活を暗示。また、結婚後に旅行、転勤、海外赴任などの移動が多くなる可能性も。結婚相手の食生活に影響を受け、よい食事の習慣ならば健康運も安泰。

蠍座

経済の安定は配偶者で決まる可能性あり。
夫婦間の亀裂に注意

家庭を守るために情熱と努力を傾けるタイプ。結婚後は、配偶者が財産をつくるなど、配偶者によって経済的な安定・不安定が決まる可能性あり。一度は別居や離婚問題などが訪れる暗示。スキンシップやなどで夫婦の仲がよければ乗り越えられるはず。

天秤座

配偶者の家族・親族の経済的な後押しや
影響で生活環境がアップする可能性も

結婚後の生活は、配偶者が高所得者になる、あるいは配偶者の親族が富をもたらす暗示。ただ、配偶者が散財する暗示があるため、注意が必要。また、親族が芸術や文化に精通してれば、その影響で文化的レベルや生活環境が格段にアップする可能性も。

山羊座

結婚生活は円満。
結婚相手で運命が変わる可能性あり

だれと結婚するか、どんな環境の人を選ぶかで運命がガラリと変化してしまう傾向。結婚相手は、温厚で美意識も高く、洗練された人で経済的にも豊かな人を選ぶ可能性が高い。結婚はたくさんの人に祝福され、結婚相手の親族との関係も良好で円満な家庭生活に。

射手座

ふたりで力を合わせて、
生活レベルが向上

結婚後の生活レベルは、向上する兆し。ふたりで力を合わせることで、結婚生活で幸福なものをたくさん持つ暗示。結婚後は、配偶者の活動範囲が広がって、長期的な海外生活の可能性も。資産運用は成功する可能性大。また、親族から相続する暗示も。

魚座

自由度が高い結婚生活になる傾向。
時折一緒に過ごすことが大切

結婚後の生活は、お互いに束縛することのなく、それぞれの世界を尊重できる家庭を築く。とくに、共働きの場合は、自由度が高い結婚生活になる傾向が。ただ、寛大な結婚生活も、度が過ぎてしまうとトラブルの引き金になることも。時折、一緒に過ごすことが大切。

水瓶座

結婚後は、紆余曲折で不安定な生活に。
結婚生活維持の意識を持つことが大切

結婚後の生活は、配偶者が莫大な富を築く、逆に大変な借金を背負うなど、安定しない暗示。経済的な問題で夫婦間のトラブルが増加することも。夫婦とも「結婚生活を最後まで成し遂げたい」という意志に欠けるため、互いに結婚生活を維持する意識を持つことが大切。

「第6・10ハウス」から読み解く方法

仕事運

「第6・10ハウスの星座」から「仕事運」を読み解きます。
「第6ハウスの星座」からは「仕事運全般」を読み解き、
「第10ハウスの星座」からは「仕事の天職・業績全般」を読み解きます。

占う手順

① 例題を使って出生時間のないホロスコープを作成する（第2章 P45 参照）。
② 作成したホロスコープで「第6ハウス」を確認して、第6ハウスに入っている「ハウスの星座」を確認する。
③ さらに、作成したホロスコープで「第10ハウス」を確認して、第10ハウスに入っている「ハウスの星座」を確認する。
④「仕事運」の解説データ（P91 ～ P96）から、②③で確認した「第6・10ハウスの星座」のそれぞれのデータを読み解く。

※出生時間のわかる場合は、出生時間を入力したホロスコープを作成します（P119 参照）。

例題
誕 生 日：1994年7月5日
出生時間：出生時間不明
出生場所：東京

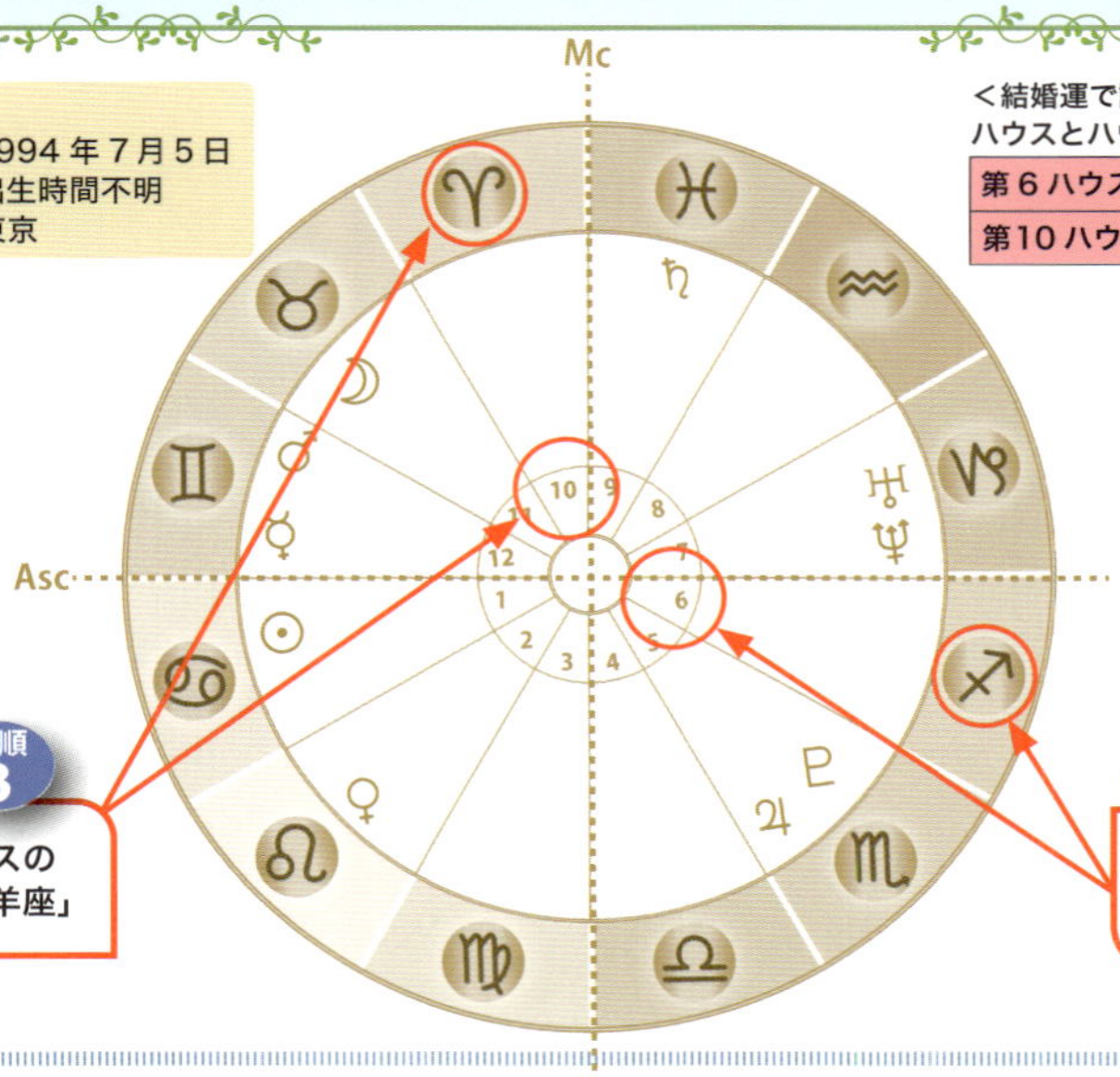

手順 3
第10ハウスの星座は「牡羊座」

手順 2
第6ハウスの星座は「射手座」

＜結婚運で読み解く
ハウスとハウスの星座＞

第6ハウスの星座	射手座
第10ハウスの星座	牡羊座

牡羊座＝♈ 牡牛座＝♉ 双子座＝♊ 蟹　座＝♋ 獅子座＝♌ 乙女座＝♍
天秤座＝♎ 蠍　座＝♏ 射手座＝♐ 山羊座＝♑ 水瓶座＝♒ 魚　座＝♓

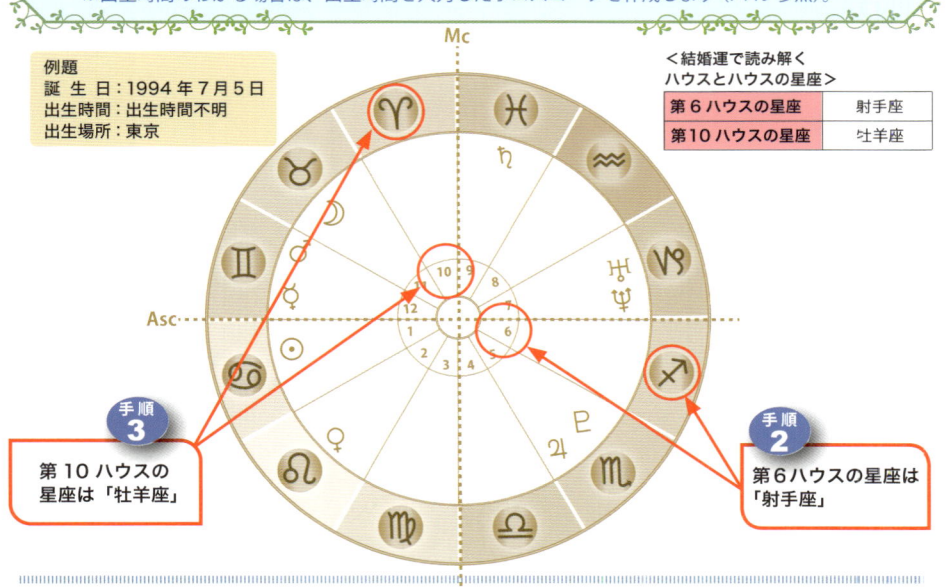

「第6ハウス」から読み解く

仕事運全般

第6ハウスは「どのような仕事に就いてお金を稼ぐか」を表す部屋です。

第6ハウスでは、ハウスの星座で「仕事運全般」を読み解きます。

キーワードには「雇用」「労働」「能力」「働く環境」などがあり、「どのような形態で働くことが望ましいのか」「どのような分野に向いているのか」「独立開業する可能性」「どんな職場環境で働くのか」など、仕事運全般を読み解くことができます。

例題では、「第6ハウスの星座」である「射手座」を読み解きます。

占う
コツ

仕事内容や職場、仕事の収入など、占う内容で読み解くデータを選ぶ

占う相手が「仕事に行き詰まっている」「職場が合わない」などで悩んでいる場合は、第2章の仕事のキーワードを持つ STEP 1「第6ハウス×12星座」（P62～P63）を確認、さらに第3章「仕事の天職・業績」（P94～P96）を確認し、現在の仕事の職種や職場がその人に向いているかを読み解きましょう。

現在の仕事の収入面に関しては、第2章の収入源のキーワードを持つ「第2ハウス×12星座」（P54～P55）を確認し、さらに第3章「金運全般」（P98～P100）を確認して、「仕事で得られる収入の増減」や「収入源の仕事が適職か」などをアドバイスしてあげましょう。

牡羊座

熱意ある行動でリードするタイプ。
仕事で健康を損なわないよう注意！

だれよりも熱意ある行動で、周囲の人たちをリードしていこうとするタイプ。周囲が好意的に受け入れてくれれば高評価を得られるが、仕事熱心なあまり協調性に欠けると誤解されることも。起業して成功する可能性もあり。頑張り過ぎて、仕事で健康を損なう暗示あり。

牡牛座

職場環境に恵まれる運あり。
転職してスキルアップも開運に

よい企業、望む職場などに就職する、職場環境に恵まれる運あり。人生に６度までの転職の暗示あるが転職運もよく、スキルアップの可能性も。また、独立開業する場合もスタッフに恵まれるはず。男女問わず、女性にも開けた職場を選択すると運気がアップ。

双子座

独自の技術や個性を活かせる職場で、
仕事運アップ！

とても器用に仕事をこなして、どんな職場でも重宝がられるタイプ。独自の技術を生かすことのできる仕事、個性を評価してくれる職場であれば、仕事運がアップ。会社勤めでも出世や部下にも恵まれて成功する可能性大。仕事に向上心を望むため、転職する可能性もあり。

蟹　座

人間関係に敏感になり過ぎないことが、
仕事運アップに

勤め先、職種を選ぶ運は悪くないけれど、転職しやすい傾向あり。原因は、同僚など一緒に働いている人との人間関係に敏感すぎること。自分の波長に合わない人たちに囲まれると、十分に力が発揮できないことも。親族経営、同族の会社に縁あり。

獅子座

恵まれた仕事運で、
希望する仕事で活躍する可能性

恵まれた仕事運があり、希望する仕事に就ける可能性あり。名前の通った会社などで働く機会にも恵まれそう。職場では中心的人物となり、潤滑油的役割も果たすことも。仕事はもちろん、社内でのイベントなどの幹事、組合などの仕事も手掛けることがあるかも。

乙女座

仕事選びは真面目で慎重。
仕事ぶりは完璧で高評判を得るタイプ

仕事選びは「熟考してからその仕事に就く」とても真面目で慎重派。仕事ぶりは完璧で、高い評判を得る機会が多いはず。気の合うメンバーと一緒に働きたいと願い、好きなことが仕事につながる傾向あり。仕事に熱中し過ぎて、人間関係にトラブルも。やり過ぎに注意。

蠍座

特殊な職種など、通常の職種・形態とは異なった仕事に縁あり

特殊な職種や専門知識を必要とする職種など、通常の勤め人とは異なった職種・形態で働く暗示あり。フリーで活躍する運もあるため、独立開業、あるいはどこにも属さずに仕事をするなどの可能性あり。警察、医療などのように命に関わるような職種は天職といえるかも。

天秤座

社交性を生かせる職場で、仕事の才能やスキルがアップ！

社交性を生かすことができる職場で働くことがあれば、能力を生かしてトントン 拍子に出世・発展していく可能性あり。職場環境も周囲が好意的で、心おきなく仕事に取り組める環境に縁あり。転職や移動も運に恵まれ、就いた職場や異動先で才能などの花が咲く暗示も。

山羊座

専門分野を目指すことが、仕事運アップのカギに

仕事に関しては、自分のやりたい仕事の分野が限られる傾向。自分のやりたい仕事ではない場合、職場の人間関係で苦労することも。本来、専門的な分野の仕事に向くので、早くからその方向を目指すと成功するはず。また、創業年数の長い会社に縁があり。

射手座

恵まれた仕事運で幅広く活躍。天職とは 40 代にめぐり合う暗示

どんな分野でも幅広く活躍できるほど、恵まれた仕事運。海外との縁も深く、外資系企業で働くという暗示も。ただ、転職を繰り返し経験する傾向あり。そのため仕事が決まらず、フリーターのような時期もありそう。本当にやりたい仕事には、40 代以後にめぐり合う可能性あり。

魚座

何ごとにも意欲的に取り組める。職場の人間関係のトラブルに注意

選択する仕事の分野の幅は広く、何ごとにも意欲的に取り組めるタイプ。とくに「人をサポートする」「世の中のためになる」ことに直接かかわる仕事であれば、意欲的に働けるはず。ただ、職場の人間関係では上下関係に関するトラブルが発生する暗示があり、注意が必要。

水瓶座

コツコツ行う仕事で能力を発揮。仕事の傾向が変化しやすい可能性も

共同作業より個人でコツコツ行う仕事で能力を発揮するタイプ。独立開業運があるため、やりたいビジネスを学び、準備して起業することで仕事運が上昇の可能性も。とくに、IT 関係とのかかわりでは、仕事運は上昇の機運。職種や分野など、仕事の傾向が変化しやすい可能性も。

「第10ハウス」から読み解く

仕事の天職・業績全般

第10ハウスは「仕事の才能」「社会的評価や成功」を表す部屋です。

第10ハウスのキーワードには「天職」「業績」などがあります。天職とは「天から与えられた職業のこと」、業績とは「仕事で成し遂げた評価や結果」のことを意味します。

第10ハウスの星座からは「才能を発揮する分野」「生き甲斐を感じる働き方」「働く環境」「社会的な評価を得て成功できるか」など、仕事の天職・業績の運勢を読み解くことができます。

例題では、「第10ハウスの星座」である「牡羊座」を読み解きます。

占う
コツ

天職を見極めるには、運勢に影響を与える両親も一緒に占う

占う相手が「仕事に生きがいを感じられない」「きちんとした評価が受けられない」と悩んでいるようであれば、第3章 STEP 2「仕事のハッピー度」（P112~P113）を確認し、充実感を感じる職業などを読み解きます。

また、天職とは、天から授かった才能を生かす職業。つまり、両親から受け継ぐ能力などが運勢にも大きく影響してきます。

そのため、両親も一緒に占いましょう。第２章の仕事のキーワードを持つ 第2章 STEP 2の「第６ハウス× 12星座」（P62 ～ P63）を確認して読み解きます。さらに、両親の「仕事運全般」（P91 ～ P93）、「仕事の天職・業績」（P95 ～ P96）を確認し、潜在的な能力・働く環境などを読み解きます。

牡羊座

時代の最先端の仕事で、
実力を発揮！

若くして転職にめぐり合える、仕事運の持ち主。才能を発揮できる分野は、時代の最先端を行く仕事。医療関連、IT関連など、最先端をいく分野で体を使う仕事、スピーディな動きや闘争心を必要とする環境であれば、生きがいを感じる働き方となり、実力を発揮。

牡牛座

長い時間をかけて技術を磨く分野、
お金を扱う仕事で才能発揮

才能を発揮できる分野は、装飾品、宝石、美術、音楽、花など、人々の生活を豊かにする仕事。また、お金を扱う仕事でも才能を発揮する可能性あり。とくに、長い時間をかけて技術を磨く技術を必要とする分野は天職。周囲に評価される可能性大。

双子座

書く、創作する、話すに関する職種で
才能を発揮

才能を発揮できる分野は、書くこと、創作すること、そしてしゃべることに関係している仕事。たとえば、作家、デザイナー、マスコミ、通信、教育、企画、営業などの職種で成功する可能性あり。ただ、好奇心が旺盛なため、転職する可能性もあり。

蟹　座

多くの人にかかわる仕事で、
能力を発揮

才能を発揮できる分野は、建築、教育、サービスに関する仕事。技術を介して多くの人々に利用され愛される職種、大勢に接する職場環境であれば能力を発揮。建築家、ハウジングメーカー、幼稚園の先生、レストラン経営者などは、まさに天職。

獅子座

一流のものを扱う仕事が天職。
「心ときめく場所」で働くことで仕事運アップ

才能を発揮できる分野は、一流のものを扱う仕事。車、宝石、洋服など高価なものを扱う仕事はピッタリ。仕事の管理能力にも優れているので、経営者の可能性も。働く環境は「心ときめく場所」で働くことが仕事運アップにつながる要素になるはず。

乙女座

精密な作業、技が必要な仕事が転職。
資格と結びつけて仕事運アップ

才能を発揮できる分野は、精密な作業、完璧な技が必要とされる技術職。医学の技術、数学、建築、音楽の技術などが天職の門をさらに広げる暗示。資格が必要な職に縁があり、資格が天職に結びつくはず。また、秘書、介護など、人をサポートする仕事も適職。

蠍座

**時代の新分野を生み出す仕事など、
特殊な仕事が天職**

大変ユニークな仕事、創造的な仕事など、普通とは違っている仕事が天職。徹底したプロ意識で情熱的に仕事に邁進し、成功を収めるタイプ。時代に合った新しい仕事を生み出し、自らがパイオニアになる可能性も。独立開業するなど、フリーとなって活躍する運もあり。

天秤座

**人に喜びを与える、人をつなぐ分野で、
成功する可能性あり**

才能を発揮できる分野は、人に喜びを与える仕事。美意識や才能を生かして音楽や芸術などの分野で活躍することも。また、料理、草花、宝石などに関連する仕事も天職。また、アドバイザー的な分野、人をつなぐ分野で成功を手にする可能性も。

山羊座

**先祖や父親の仕事の分野で才能を発揮。
高齢で天職に出合う可能性も**

修練した技術や経験を積んで修得する技などの仕事が天職。医学、建築、経済などの分野で技術を磨いて才能を発揮する。天職に就く時期が、高齢になってからという可能性も。先祖や父親の仕事に関係している分野、創業年が古い会社や老舗で働く仕事は適職。

射手座

**資格が必要で人を導く分野の仕事が天職。
海外で働く可能性も**

恵まれた仕事運の持ち主。才能を発揮できる分野は、社会の規範を示す仕事、行政にかかわる職業など、少し高い位置から人を導く仕事。とくに、資格などが必要な法律家、司法書士などの分野関連は天職に。また、働く場所が海外という可能性も。

魚座

**何ごとにも意欲的に取り組むが、
職場の人間関係のトラブルに注意**

才能を発揮できる分野は、人の役に立つ、人を救う仕事。たとえば、介護士、看護師、心理カウンセラーなどの仕事での活躍する可能性あり。また、社会に尽くすことが目的の仕事である政治家、宗教家などでも才能を発揮する可能性あり。仕事は、時間を経て評価される。

水瓶座

**精密な技術、考えたことを
具象化させる才能が必要な分野が天職に**

才能を発揮できる分野は、時代の最先端技術、最新の情報を扱うIT関連などの仕事。とくに精密な技術が必要で、さらに考えたことを具象化させる才能が必要とされる分野で活躍。ただ、上司と対立して転職する可能性も。また、独立起業して創業者になることも。

「第2ハウス」から読み解く方法

金運

第2ハウスのキーワード」には「収入源・お金」があります。
「第2ハウスの星座」からは「金運全般」を読み解きます。

占う手順

① 例題を使って出生時間のないホロスコープを作成する（第2章 P45 参照）。
② 作成したホロスコープで「第2ハウス」を確認して、第2ハウスに入っている「ハウスの星座」を確認する。
③「金運」の解説データ（P98 〜 P100）から、②で確認した「第2ハウスの星座」のデータを読み解く。
※出生時間のわかる場合は、出生時間を入力したホロスコープを作成します（P119 参照）。

例題
誕 生 日：1994 年 7 月 5 日
出生時間：出生時間不明
出生場所：東京

＜金運で読み解くハウスとハウスの星座＞

第2ハウスの星座	獅子座

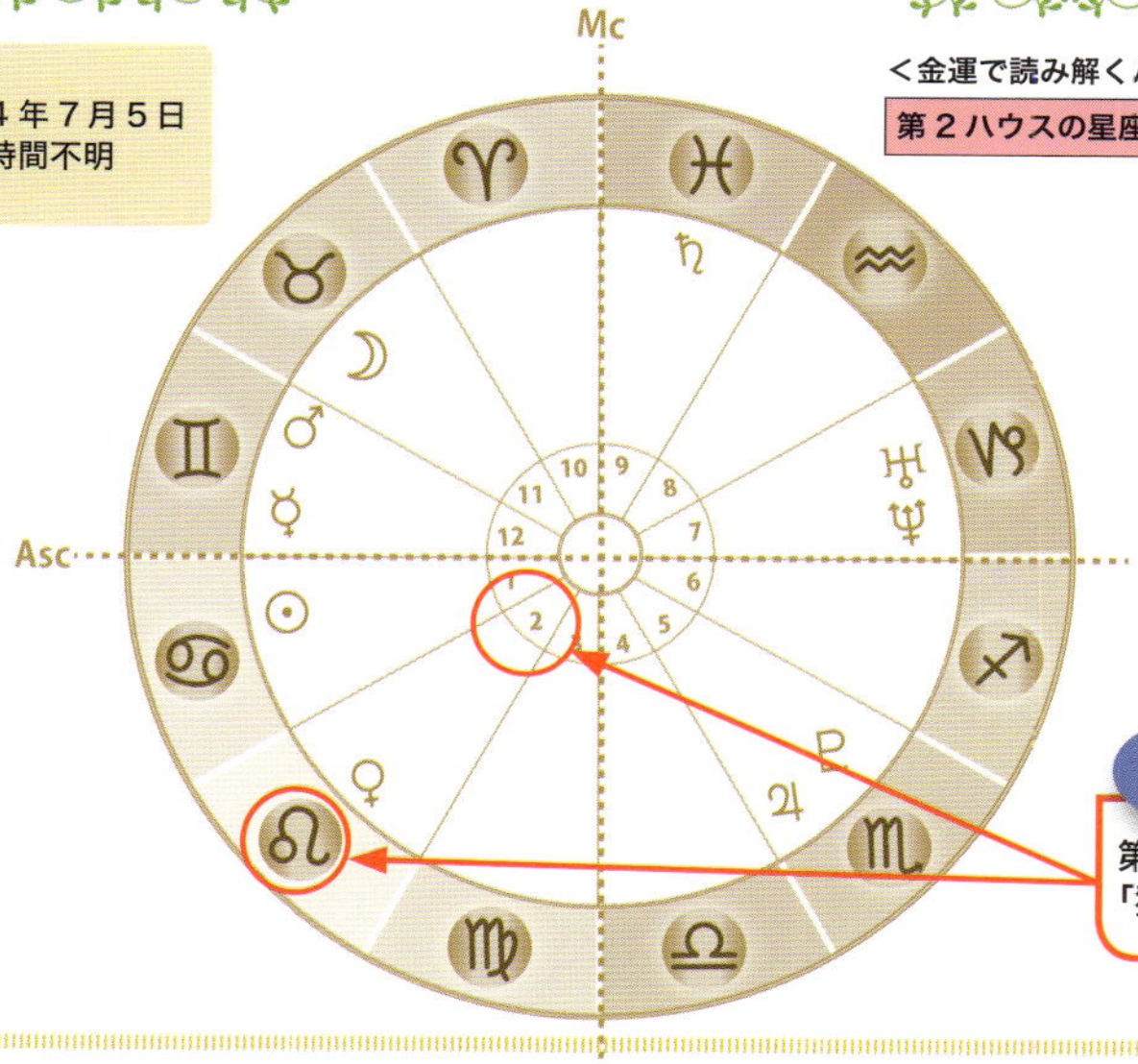

手順 2
第2ハウスの星座は「獅子座」

牡羊座＝♈ 牡牛座＝♉ 双子座＝♊ 蟹 座＝♋ 獅子座＝♌ 乙女座＝♍
天秤座＝♎ 蠍 座＝♏ 射手座＝♐ 山羊座＝♑ 水瓶座＝♒ 魚 座＝♓

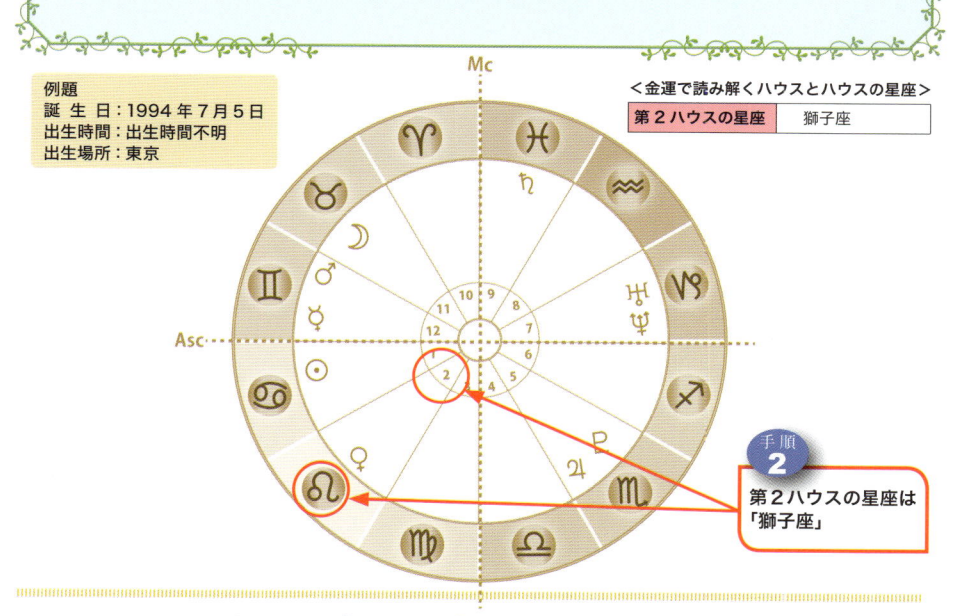

「第２ハウス」から読み解く

金運全般

第2ハウスは「お金や自分が生み出す収入、金銭感覚」を表す部屋です。

第2ハウスでは、「第2ハウスの星座」から「金運全般」を読み解きます。

キーワードには「金銭」「収入源」「財産」「所有」などがあり、「どんな方法で収入を得るか」「お金に対してのどんな価値観を持っているのか」「お金の使い方」など、金運全般を読み解いていきます。

例題では、「第2ハウスの星座」である「獅子座」を読み解きます。

占う
コツ

「仕事運」から、お金を得る方法を確認。さらに今後の「金運」も確認する

お金に関する悩み事を占う場合は、最初にお金を得るための方法である第3章 STEP1「仕事運」(P90 ～ P96) を確認します。

仕事のキーワードを持つ第２章 STEP2「第６ハウス× 12 星座」(P62 ～ P 63) を確認して「自分の能力を使い、どんな仕事に就いてお金を得るのか」を読み解きます。

さらに、お金関連のキーワードを持つ第２章 STEP２「第２ハウス× 12 星座」(P54 ～ P 55) で「どのように収入を得、お金をどのように使うのか」を読み解きましょう。

最後に、第３章 STEP2「金運のハッピー度」(P114 ～ P116) から「どんな仕事で収入を得るのが楽しいか」を読み解いて、仕事運の結果と合わせてアドバイスをしてあげましょう。

牡羊座

**お金の出入りが激しく、
金運は波乱の傾向**

利益を得るカンが鋭く、お金を稼ぐ・使う両方に熱心。お金の出入りが激しく、金運は波乱の傾向。収入があった分を使ってしまうことが多く、さらにギャンブルやギャンブル性の高い投機にも関心があり、大金を使ってしまうことも。貯金することは難しいかも。

牡牛座

**稼いだら使わずにしっかりと預金！
決して無駄な出費はしない**

恵まれた金銭感覚の持ち主。お金を稼ぐ力もあり、稼いだら使わずにコツコツと預金して備えるタイプ。ただ、突然高額商品などを購入することも。でも、決して無駄になるものは買わない、上手なお金の使い方をする傾向あり。また、倹約家の一面もあり。

双子座

**しっかりと収入源を確保するものの、
投資話にのりやすく、貯蓄は難の傾向**

金運は悪くなく、2つの収入源を持つなどして、しっかりと収入源を確保するタイプ。ただ、使うことにも熱心で、金融商品や株などの頭脳を使った投資話にのりやすい傾向が。そのため、損失が出ることもあり、貯金額を増やすのは難しい傾向に。

蟹　座

**自分で得た収入だけではなく、
実家の援助、不動産収入などがある暗示**

金運はまずまずだが、浮き沈みが激しい可能性あり。お金の使い方は、形に残るものよりも飲食代などで散財することが多いよう。自営、自宅開業など、独自の仕事で収入を得る可能性あり。実家などからの援助、不動産関連などがお金につながる可能性も。

獅子座

**しっかりした経済観念で、安定した金運。
預金も順調に増える傾向**

とても安定した金運。年齢とともに収入も増加し、順調に預金も増える傾向。経済観念がしっかりしており、買い物でもよいものをリーズナブルに購入するタイプ。ただ、楽しむための散財、まれに投機などで短期間に売買益を得ようとして損をすることも。

乙女座

**金運は良好。
起業は金銭的苦労につながるので慎重に**

しっかり働いて収入を得ようと努力するので、金運は良好。金銭を管理する能力があり、収支のバランスを取るのが上手なタイプ。ただ、自分でビジネスをはじめた場合は、金銭面で苦労する可能性があり。出費が増大する傾向があり、貯蓄が難しいかも。

蠍座

つかみどころのない不安定な金運。金銭感覚を養うことが大切

とてもよいか、悪いかに偏る…つかみどころのない不安定な金運。思わぬことでかなりの大金を得る可能性があるけれど、想定外の支出やアクシデントでそのお金を突然失うことも。あまりお金に執着しないため、金銭感覚を養うようアドバイスを。

天秤座

人間関係に恵まれ、金銭関連の支援を受ける可能性あり

金銭で困ることはない、恵まれた金運の持ち主。とくに人間関係に恵まれ、金品を譲渡される、収入源を紹介してもらうなど、金銭関連の支援を受ける可能性あり。結婚により金運がアップし、自由に使えるお金が増える暗示。そのため、散財する可能性があるので注意。

山羊座

安定した金運の持ち主。晩年には金運がアップする可能性も

しっかり働いて収入を得、金額の変動が少ない安定した金運の持ち主。不動産に縁がある可能性も。また、親の経済状態の良し悪しに影響される暗示。お金使い方は合理的で、無駄を嫌うため、人にケチと思われることも。晩年には金運がアップする可能性も。

射手座

自分の力でお金を生み出す、すばらしい金運の持ち主

とてもすばらしい金運の持ち主。収入源がいくつかあり、自分の力でお金を生み出す能力を持つ。株などの投資が利益をもたらすことも。ただ、収入の額などをあまり把握していない面もあり、使う額も半端ではないため、金銭管理のアドバイスを。

魚座

金銭的なカンがよく、持っているお金以上の暮らしぶりになる可能性も

金運は悪くなく、金銭的なカンで儲けることができ、よい買い物や投資をするなど、持っているお金以上の生活ができるかも。ただ、無謀な賭けには注意が必要。人の話にのりやすい傾向があり、騙されないよう常に心を引きしめておくことが大切。

水瓶座

予想外のところからお金を得る、金運の持ち主

ロトや宝くじなどで思いがけない大金が入るなど、予想外のところからお金を得る金運の持ち主。また、ビジネスに成功して、かなりの収入を得る可能性も。ただ、後先考えずに大金を使う、あるいは高額の投資をする傾向も。借金ができきる可能性も。

プロの技！　惑星のかたまりで読み解く「人生の傾向」

惑星のかたまりで、瞬時に人生の傾向を読み解く

誕生した時間が正確にわかり、ホスコープを作成すると生年月日時刻の違いにより、「惑星が１ヶ所に固まっているホロスコープ」、「惑星が全体的にバラけるホロスコープ」、「惑星が12ハウスに均等に入っているホロスコープ」など、さまざまなホロスコープができ上がります。

プロの技では、このホロスコープ上の惑星の状態を見ることで、瞬時に「人生傾向」を読み解くことができるのです。占星術を行う上で見逃せない判断情報となります。

惑星が「全体的にバラける」
ホロスコープの人生傾向

人生全体が落ち着かない傾向が見られます。ひとつのことが終わっても、またひとつの事柄が始まり、また次にも…と実に忙しい人生傾向があります。

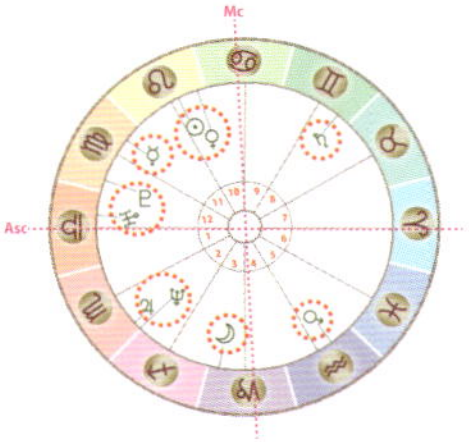

惑星が「左半分」に偏っている
ホロスコープの人生傾向

「自力の人」を示します。行動力があり、男性的で独立や創業者の運を持っています。

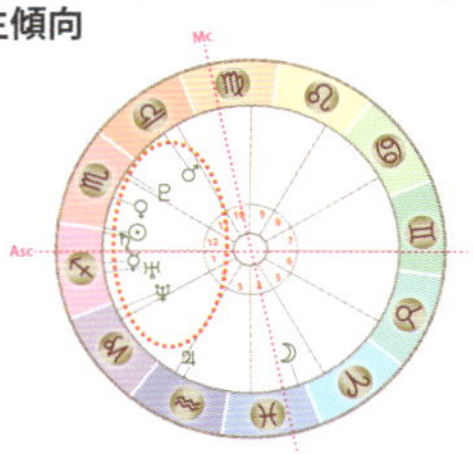

惑星が「右半分」に偏っている
ホロスコープの人生傾向

「他力の人」を示します。相手次第で運が変わりやすく、後継ぎになるなど二代目運があります。

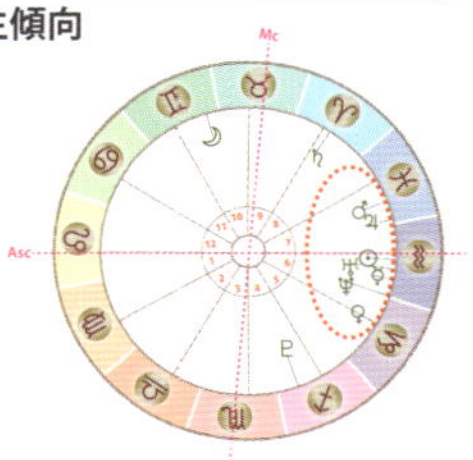

惑星が「上半分」に偏っている
ホロスコープの人生傾向

社会的な人生傾向を示します。30歳以降の晩年に社会とのかかわりで成果が表れます。

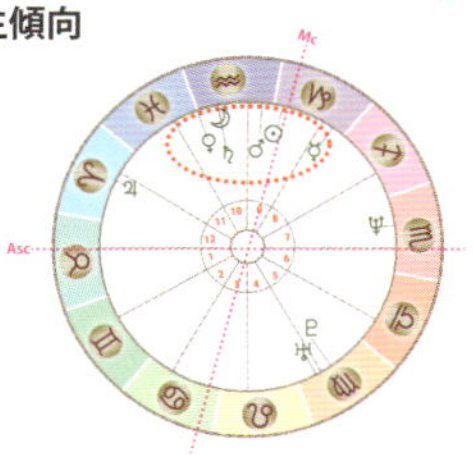

惑星が「下半分」に偏っている
ホロスコープの人生傾向

私的な人生傾向を示します。そのため、家庭生活を含めた私生活が充実しています。

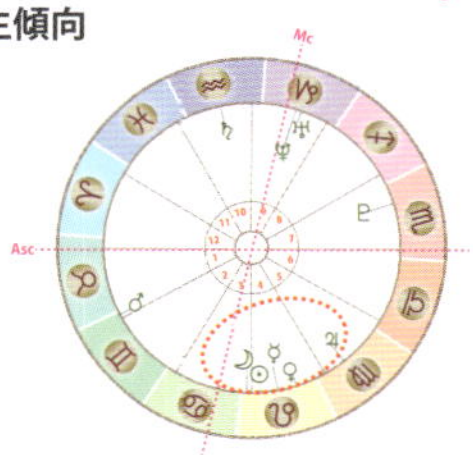

STEP 2

12ハウスにある惑星の星座×惑星のある星座の守護星から「運勢」を占う

STEP1では各運勢の「全般運」などを占いました。STEP2では「12ハウスにある惑星の星座×惑星のある星座の守護星」から各運勢を詳しく読み解いていきましょう。

人間の運命を支配する、惑星（守護星）

占星術は、太陽系の惑星である太陽と月、そして水星・金星・火星・木星・土星・天王星・海王星・冥王星の合計10個の惑星を使って占います。

惑星は、古代より「人間の運命を支配する」という考えに基づいて「星座の守護星」として割り振られました。惑星の示す意味は、星座の示す意味と同じ、それ以上に重要な意味を持ちます。

惑星×ハウスでは「活動する環境や分野」、惑星×惑星では「運の善し悪し・未来の動向」、惑星×星座の守護星では「行動パターンや可能性、能力など」、その組み合わせが導き出す情報量は、膨大で具体的だといえます。

「金星・月・木星」と「金星・月・木星のある星座の守護星」で運勢を占う

STEP2で使用する惑星は、「金星・月・木星」の3つ。「金星＝恋愛の傾向」、「月＝各運勢の行動パターン」、「木星＝各運勢のハッピー度」を表します。

まず、「指定された惑星の星座」を確認し、さらにその惑星の星座の「守護星」を見極めます。

ちょっと手順が多いですが、ハウスと星座で占うよりも、さらに詳しい運勢を読み解くことができます。STEP1の「全般運」と合わせて鑑定することで、各運勢に関して適格なアドバイスを行うことができます。

読み解くポイント

各運勢のハウス、惑星、守護星から読み解くポイント

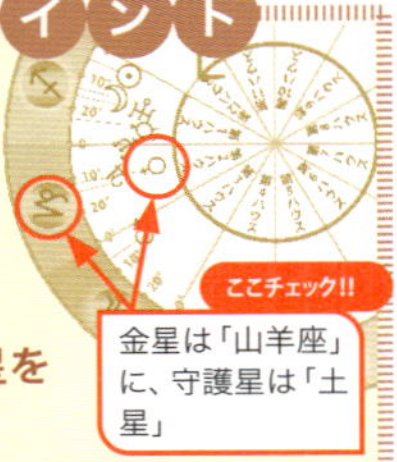

● 惑星の星座の守護星をしっかり確認

たとえば、「金星（♀）の星座の守護星」を確認する場合は、「金星の入っている星座」→「星座の守護星」を P103 欄外下の「守護星（惑星）＝星座」で確認して読み解きます。

「金星」と「月」から読み解く方法

恋愛運

「金星のある星座の守護星」から「恋愛傾向」、
「月のある星座の守護星」から「恋愛の行動パターン」を読み解きます。
STEP1の「恋愛運全般」（P80～P82）と合わせてさらに詳しく占います。

占う手順

① 例題を使って出生時間のないホロスコープを作成する（第2章 P45 参照）。
② 作成したホロスコープで「金星（♀）がある星座」を確認する。
③ 作成したホロスコープで「月（☽）がある星座」を確認する。
④ ②で確認した「金星（♀）の星座の守護星」を確認する。
⑤ ③で確認した「月（☽）の星座の守護星」を確認する。
⑥ ④と⑤で確認した「月・金星 × 月・金星のある星座の守護星」から「恋愛運」の解説データ（P104～P107）を読み解く。
※出生時間のわかる場合は、出生時間を入力したホロスコープを作成します（P119 参照）。

例題
誕 生 日：1994年7月5日
出生時間：出生時間不明
出生場所：東京

＜恋愛運で読み解く惑星がある星座と守護星座と守護星＞

金星がある星座と守護星	獅子座＝太陽
月がある星座と守護星	牡牛座＝金星

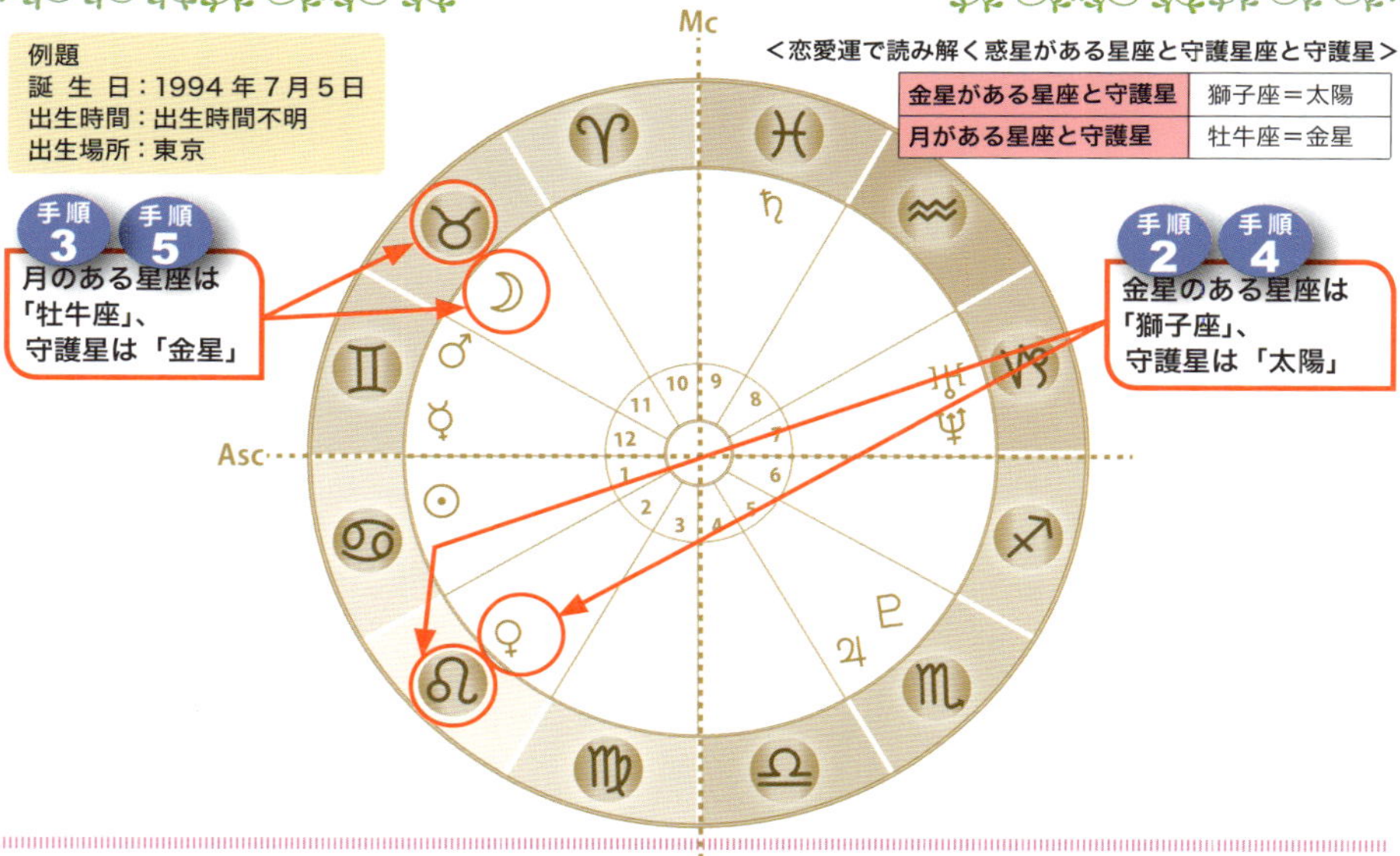
Mc
Asc
手順3 手順5
月のある星座は「牡牛座」、守護星は「金星」
手順2 手順4
金星のある星座は「獅子座」、守護星は「太陽」

太陽 ☉＝獅子座　月 ☽＝蟹座　水星 ☿＝双子座・乙女座　金星 ♀＝牡牛座・天秤座　火星 ♂＝牡羊座
木星 ♃＝射手座　土星 ♄＝山羊座　天王星 ♅＝水瓶座　海王星 ♆＝魚座　冥王星 ♇＝蠍座

「金星」と「金星のある星座の守護星」で読み解く

恋愛の傾向

「金星」は、「愛」「恋愛の相手」などの意味のキーワードを持っている星です。

「金星」と「金星の星座の守護星（惑星）」には「恋愛の傾向」を読み解くカギがあります。

ホロスコープで、金星がどの星座にあるかをみて、その星座の守護星（惑星）を確認します。「どんな恋愛をするのか」「どんな人を好きになるのか」など、「恋愛の傾向」を具体的に読み解いていきます。

例題では、「金星」と「金星のある星座＝獅子座の守護星＝太陽」を読み解きます。

占う
コツ

「パーソナリティ」をベースにして占う

恋人がいるなら、一緒に占います。第 3 章 STEP 1「恋愛運」(P79 ～ P82) の情報を確認し、「恋愛の傾向」「恋愛の行動パターン」(P106 ～ P107) を読み解いてアドバイスしましょう。

ちなみに、ホロスコープで金星の周囲に複数の惑星があれば、恋愛傾向は華やかなものになります。

♀ 金星 × ☽ 月

恋愛に安らぎや家庭的な雰囲気を求める傾向。そのため、家族同様なつき合いのできる相手、家族ぐるみの交際で安心感を持ち、恋してしまう傾向あり。また、現実離れしている部分もあり、芸能人など、身近ではない存在に恋してしまう傾向も強いかも。

♀ 金星 × ☉ 太陽

恋愛傾向は、人もうらやむ理想の恋を望むタイプ。相手が魅力的で、自己顕示欲を満たしてくれる人であれば、純粋に恋にのめり込む。また、相手の自分への評価が高いことも大事なポイント。そのため、恋愛中は自分をよく見せようとする傾向に。

♀ 金星 × ♀ 金星

全身で愛を表現し、相手をほめることも得意で、上手に異性を恋に誘導するタイプ。ただ、最初にアプローチして相手の反応がなければ、その後積極的な行動には出ないのが特徴。恋愛相手は、恋愛経験が多く、リードしてきちんと向き合ってくれる人を好きになる傾向あり。

♀ 金星 × ☿ 水星

「恋をしても束縛されたくない」「自分のことに口出ししてもらいたくない」、だから「相手にも口出ししない」というドライな関係を好むタイプ。知的レベルの高い恋を望み、仕事などに打ち込んでいる人に恋する傾向あり。でも、会話が楽しくない、将来性もない人はNG。

♀ 金星 × ♃ 木星

相手のいいところを見抜くことができ、平等に人に接するので異性から信頼される。フランクな態度で接近するので恋は自然に進展し、恋多き傾向に。けれど、人の意見が気になるところもあり、本気でつき合う相手は評判のよい人、尊敬されている人物になる傾向あり。

♀ 金星 × ♂ 火星

自分と似たような匂いを持つ人に、本能的に惹かれるタイプ。同年代、または若くて気性のさっぱりした人、気が強くてワイルドで強烈ななにかを持っている人なら「そこに相手がいたから」という理由で恋に落ちることも。ライバルがいると燃えるので、略奪愛などの可能性も。

♀ 金星 × ♅ 天王星

「恋はハートが大事で性格の合う人と恋がしたい」というものの、実際は強い個性を放つ外見も派手な人に惹かれてしまうよう。好みの人に出会うと、ひと目惚れから恋に落ちることが多い。また、グループ交際の機会も多く、気に入った相手と友情から恋愛へ発展することも。

♀ 金星 × ♄ 土星

だれにでも自然体で接するので、好きな相手に気持ちが伝わりにくいタイプ。恋愛相手はシャイで礼儀正しく、真面目な人を好むため、恋に発展しないことも多いよう。寂しがり屋で相手に頼りたい願望の持ち主なので、年上など包容力のある人とつき合うことが多いかも。

♀ 金星 × ♇ 冥王星

障害があればあるほど燃えてしまう恋愛傾向。欲しいものを手に入れるまで、粘り強く努力する人なので、既婚者や人の恋人に恋してしまうことも。また、過去の恋に縛られやすく、つぎの恋ができない人も多いので、気持ちの切り替えが大切とアドバイスを。

♀ 金星 × ♆ 海王星

「自分がいないと、この人はダメになってしまう」と同情が愛に変わりやすく、奉仕的な心でつき合うことが喜びになるタイプ。いつも仲間から離れて一人でいる寂し気な人、健康や経済面などで苦労している人に好意を持ってしまう傾向あり。奉仕的な心で恋をする人。

「月」と「月のある星座の守護星」で読み解く

恋愛の行動パターン

「月」は「無意識に働いてしまう感情」という意味を持っています。恋をすると感情を優先させて行動することがあります。「月」と「月の星座の守護星（惑星）」を読み解くことで「恋愛の行動パターン」を占うことができます。

ホロスコープで、月がどの星座にあるかをみて、その星座の守護星（惑星）を確認し、「相手へのアプローチ方法」「相手への態度」などを読み解いていきます。

例題では、「月」と「月のある星座＝牡牛座の守護星＝金星」を読み解きます。

占う コツ

「パーソナリティ」「第1・第5ハウス」の行動パターンも読み解く

恋愛を成就させたいなら、相手の行動パターンを知ることが大切。第1章 STEP 2「パーソナリティ」（P24～P41）、第2章 STEP 1「第1ハウス×12星座」（P52～P53）の行動パターンの情報を確認し、恋人の行動パターンにどう対処法するかをアドバイスしてあげましょう。

☽ 月 × ☽ 月

母性愛、父性愛が豊かな人が多く、とてもよく尽すタイプ。ただ、お節介が過ぎて相手を依存性の強い人間に変えることも。流行にはとても敏感で、いつも最先端なものを選んで相手を喜ばせるのが得意。ただ、嫉妬深いのが問題。感情の起伏がすさまじく相手を驚かせることも。

☽ 月 × ☉ 太陽

相手がほめてくれ、ムードを盛り上げてくれれば、ますます情熱的になり、自分からも恋を盛り上げるタイプ。ただ、お金はなくてもデートの店のランクは落とせない見栄っ張りなところ、自分が悪いときでも認めようとしないなど、自分勝手なところは問題かも。

☽ 月 × ♀ 金星

決して恋に溺れることのない、現実的な恋をするタイプ。恋愛もギブ＆テイクの考え方で、愛に証拠や戦利品を求める傾向あり。交友の幅は広く、恋人とふたりのデートよりは、友だちも一緒に楽しみたいと考える反面、とても強い独占欲の持ち主。

☽ 月 × ☿ 水星

言いたいことは腹に貯めず、ぶつかり合って絆を深めていく傾向あり。好奇心旺盛で新しい情報に敏感で、話題のスポットを探す苦労はいとわないマメなタイプ。ただ、交際が進むほど、細かいことまで口をはさむようになる傾向も。明るく楽しいキャラがその欠点をカバー。

☽ 月 × ♃ 木星

自由奔放でいることを望むため、恋をしてもマイペースな行動傾向。おおらかな性格で、相手の多少の欠点などは気にせず、わがままなども広い心で受け止めるタイプ。ただ、飽きっぽいところがあり、ふたりの関係を結婚などで型にはめようとすると冷めてしまう傾向に。

☽ 月 × ♂ 火星

大変せっかちで早く結果を出そうと、強引に相手を口説くタイプ。恋愛表現はストレートでなんでも話し合い、わかり合いたいと望むけれど、相手の気持ちをくみ取ることは苦手。それが原因で恋が終わることも多いよう。また、切り替えは早く、つぎの恋へと移行するのも特徴。

☽ 月 × ♅ 天王星

衝動的に恋をして、さらっと別れる恋愛が多いよう。恋をすると、なりふり構わず、とても大胆な態度で相手に突き進むタイプ。トレンドに敏感で、最新情報を駆使したデートなど、エキサイティングな演出を用意することも。ただ、恋の終わりは白黒はっきりしたものに。

☽ 月 × ♄ 土星

恋には不器用な人が多く、自分から告白することは滅多にないタイプ。とても照れ屋で自信がなく、恋をしても恋をしていないような態度をとることも。けれど、誠実な態度で相手から信頼を得るので、恋愛関係は長く続くはず。一見落ち着いて見えますが、恋人の前では内心ドキドキの連続。

☽ 月 × ♇ 冥王星

とても内向的なので、最初から本音を出すタイプではないけれど、交際が深まるにつれて独占欲が強くなるタイプ。また、感情の起伏が激しいところもあり、強引な態度で相手に接することも。愛＝結婚、命のある限り一緒にいたいと考え、行動する傾向も。

☽ 月 × ♆ 海王星

恋してしまうと、自分の生活を犠牲にしても相手に尽くしてしまうようなタイプ。奉仕するために恋をする傾向あり。いつも相手の気持ちを優先させて、自分自身が恋を楽しむゆとりはないよう。また、恋すると相手を美化する傾向もあり、相手に利用されてしまうことも。

「木星」で読み解く方法

結婚運

「木星のある星座の守護星」から「結婚のハッピー度」を読み解きます。
STEP1の「結婚運全般」（P84～P86）、「結婚後の生活」（P87～P89）
と合わせてさらに詳しく占います。

占う手順

① 例題を使って出生時間のないホロスコープを作成する（第２章P45参照）。
② 作成したホロスコープで「木星（♃）がある星座」を確認する。
③ ②で確認した「木星（♃）の星座の守護星」を確認する。
④ ③で確認した「木星×木星のある星座の守護星」から、「結婚運」の解説データ（P109～P110）を読み解く。
※出生時間のわかる場合は、出生時間を入力したホロスコープを作成します（P119参照）。

例題
誕 生 日：1994年7月5日
出生時間：出生時間不明
出生場所：東京

<結婚運で読み解く惑星がある星座と守護星座>

木星がある星座と守護星	蠍座＝冥王星

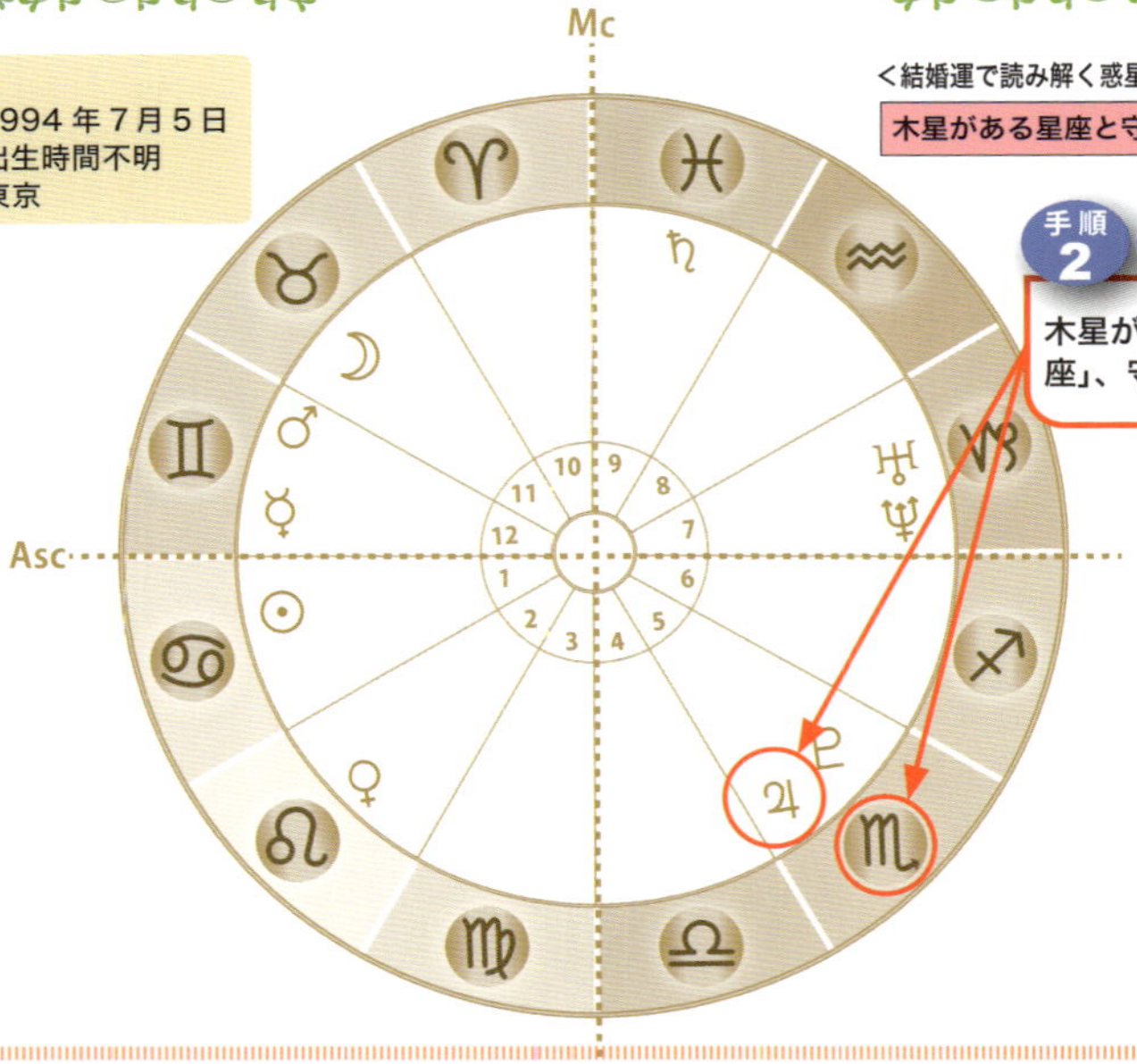

手順2 手順3
木星がある星座は「蠍座」、守護星は「冥王星」

太陽☉＝獅子座　月☽＝蟹座　水星☿＝双子座・乙女座　金星♀＝牡牛座・天秤座　火星♂＝牡羊座
木星♃＝射手座　土星♄＝山羊座　天王星♅＝水瓶座　海王星♆＝魚座　冥王星♇＝蠍座

「木星」と「木星のある星座の守護星」で読み解く

結婚のハッピー度

「木星」は、惑星の中で最も幸運な星といわれ、別名「幸運の使者」と呼ばれている星です。

「木星」と「木星のある星座の守護星(惑星)」が、どのように影響し合うかを見ていきます。

それによって、「どんな結婚に幸せを感じるのか」「どんな結婚生活が快適なのか」といった幸せな結婚にかかわる具体的な傾向を見ることができます。

例題では、「木星」と「木星のある星座＝蠍座の守護星＝冥王星」を読み解きます。

占うコツ

結婚生活に欠かせない、仕事やお金も読み解く！

結婚生活に深くかかわる仕事やお金に関して、配偶者や恋人も占います。仕事は、第2章「第6ハウス×12星座」(P62～P63)、第3章STEP 1・2「仕事運」(P90～P96・P111～P113)、仕事とお金双方のキーワードを持つ「第2ハウス×12星座」も合わせて読み解きましょう。

♃ 木星 × ☽ 月

結婚の幸せ度は、配偶者の家族、家庭環境に左右される暗示。とくに、配偶者の母親との関係が結婚の幸せ度に大きく影響しそう。夫婦で一緒にいる時間が多いことで、日々の生活の家事、育児、趣味の時間が充実していく傾向に。結婚後、不動産運が良好なことでも幸せに。

♃ 木星 × ☉ 太陽

子どもがいることで幸せ度は高く、幸せ度は高得点になる傾向。また、家族のイベントを大事にすることで運気はアップし、夫婦の絆が深まるはず。さらに、配偶者が仕事や趣味など、周囲に自慢できるなにかを持っていることでも幸せ度は高くなる傾向に。

♃ 木星 × ♀ 金星

結婚の幸せ度は、経済面の安定でアップ。経済面が不安定な状態は、大きな減点要素。夫婦で協力し合って、経済的安定を得られれば理想的な結婚に。また、夫婦で一緒に少し贅沢を暮らしを楽しむ機会が増えると、結婚後の満足度はさらに高くなるはず。

♃ 木星 × ☿ 水星

結婚の幸せ度のポイントは「会話」「意思疎通」。物質的に恵まれていても、会話が成り立たなければ大変不幸な結婚に。結婚後も友だちや仲間、親族との交流が活発なことも幸福度のアップポイント。また、結婚後もふたりでゆっくり旅などに出かけられれば満足度はアップ。

♃ 木星 × ♃ 木星

結婚前よりも結婚後のほうが確実に資産も増え、また地位も上がる可能性あり。結婚後の家庭は、本人が育った家庭よりも裕福になる傾向に。配偶者の親からの援助、結婚後に配偶者が起業して成功するなど、満たされた結婚生活を送ることになりそう。

♃ 木星 × ♂ 火星

結婚の幸せ度は、結婚直後の生活習慣次第。結婚後も、独身時代同様の感覚で生活してしまうと幸せ度はダウン。ふたりで一緒になにかを行う習慣が、結婚後の幸せ度を増幅。また、配偶者が仕事などで結婚生活をおろそかにしたときは、ストレートに問題点を伝えることが大切。

♃ 木星 × ♅ 天王星

結婚の幸せ度のカギは「結婚生活の自由度」。束縛のある生活が続くと幸せ度は減退。自分の生き甲斐となる趣味や仕事などを継続することで、充実した結婚生活を送れるはず。経済面が幸せ度にかかわる度合いは少なく、配偶者が転勤の多い職種でもむしろそれを楽しむタイプ。

♃ 木星 × ♄ 土星

結婚当初よりも晩年にジワジワと幸せ度がアップする暗示。苦労があっても忍耐強くなることで、その後の結婚生活の幸せ度はアップ。不動産運は良好な兆しがあり、結婚後に得た不動産が財産につながることも。また、義理の父母との同居はむしろ幸運の兆しに。

♃ 木星 × ♇ 冥王星

結婚の幸せ度のカギは、性生活など、外からは見えないところの夫婦生活。それが円滑・充実していると結婚生活の幸せ度は高くなる傾向。また、新婚時代に配偶者が約束したことを、その後の生活でもキチンと守っていることが結婚生活の幸せに関係するよう。

♃ 木星 × ♆ 海王星

結婚の幸せ度のカギは「考え方の自由度の保持」「心の自由度の保持」。配偶者が柔軟でおおらかな性格なら、幸せ度はアップ。本人は優しいけれど、毎日の生活もマイルールで通すわがままな面があるため、相手の懐の深さが幸せの感度を左右する傾向に。

「木星」で読み解く方法

仕事運

「木星のある星座の守護星」から「仕事のハッピー度」を読み解きます。
STEP1の「仕事運全般」(P91～P93)、「仕事の天職・業績」(P94～P96)と合わせてさらに詳しく占います。

占う手順

① 例題を使って出生時間のないホロスコープを作成する(第2章 P45参照)。
② 作成したホロスコープで「木星(♃)がある星座」を確認する。
③ ②で確認した「木星(♃)の星座の守護星」を確認する。
④ ③で確認した「木星×木星のある星座の守護星」の解説データ(P112～P113)から「仕事運」を読み解く。
※出生時間のわかる場合は、出生時間を入力したホロスコープを作成します(P119参照)。

例題
誕 生 日:1994年7月5日
出生時間:出生時間不明
出生場所:東京

<結婚運で読み解く惑星がある星座と守護星座>

木星がある星座と守護星	蠍座=冥王星

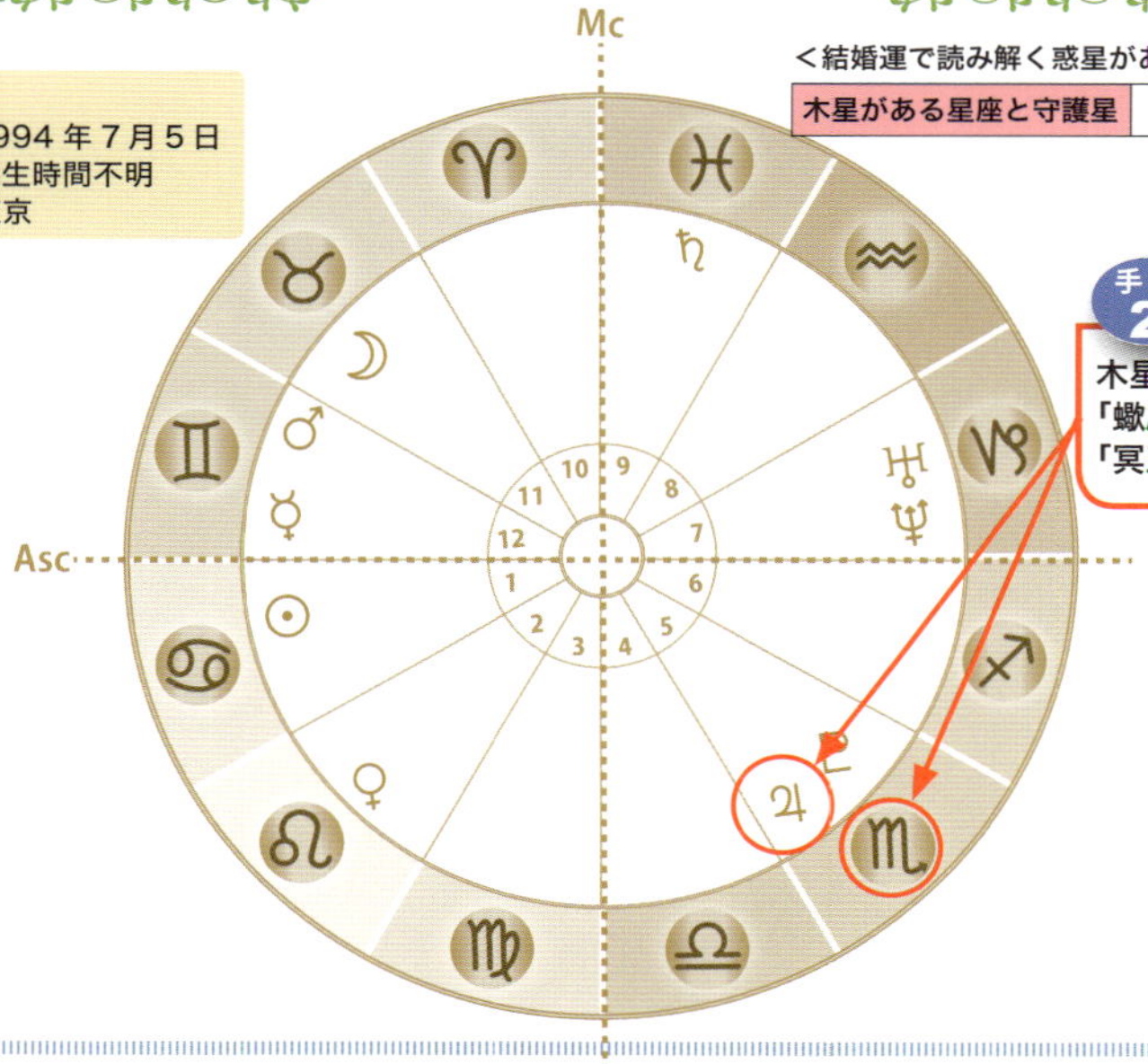

手順2 手順3
木星がある星座は「蠍座」、守護星は「冥王星」

太陽☉=獅子座　月☽=蟹座　水星☿=双子座・乙女座　金星♀=牡牛座・天秤座　火星♂=牡羊座
木星♃=射手座　土星♄=山羊座　天王星♅=水瓶座　海王星♆=魚座　冥王星♇=蠍座

「木星」と「木星のある星座の守護星」で読み解く

仕事のハッピー度

「木星」は、惑星の中で「最も幸運な星」とされています。「木星が位置する星座の守護星（惑星）」から、木星がどのような影響を受けるかによって、「どんな仕事に充実感を感じるか」「どんな働き方で幸せを感じるか」などの「仕事のハッピー度」を読み解くことができます。

例題では、「木星」と「木星のある星座＝蠍座の守護星＝冥王星」を読み解きます。

占うコツ

仕事の充実感を確認して、アドバイスを

仕事の幸福感の要因は「仕事の充実感」という人は多いはず。仕事の充実感は、第3章 STEP1「仕事の天職・業績（P94 ～ P96）」、第2章「第10ハウス×星座」（P70 ～ P71）を確認します。また、充実感が持てる仕事の分野や方向性は第2章「第5ハウス×12星座」（P60～P61）で見えてきます。

♃ 木星 × ☽ 月

仕事のハッピー度のカギは、仕事の要素に「なにかを育む行為」が含まれること。人を導く、サポートする教育にかかわる仕事、子どもの教育関連の仕事であれば満足度はアップ。仕事をすることに対して「家族が協力的であること」もハッピー度に大きく影響する可能性大。

♃ 木星 × ☉ 太陽

どんな仕事でも、前向きに取り組んでいく人。最初から望む仕事に就くことが多く、そうではない場合もその仕事を楽しんで成功に導くことができるタイプ。大変な仕事でも、決して心が折れることなく、つらいことも明るい気持ちで達成して幸せ度アップ。

♃ 木星 × ♀ 金星

仕事のハッピー度は「経済的な満足度」とイコール。どんなに楽しい仕事でも、経済的に満足できなければ不満がつのってNGだが、経済的に条件がよければつらい仕事でも納得して勤め上げるタイプ。また、働く環境が清潔でセンスがよければ幸せ度アップ。

♃ 木星 × ☿ 水星

仕事のハッピー度のカギは「能力が細部に渡って生かされること」。「発言が会議で取り上げられる」「考えたアイディアでプロジェクトが動く」など、自分が中心となって働けることが最高の幸せ。さらに、仕事仲間と十分なコミュニケーションがとれることも、仕事の幸福度をアップさせる要素に。

♃ 木星 × ♃ 木星

仕事のハッピー度のカギは「知名度やステイタス」。就業条件が整っていても、大企業、知名度のある会社、海外支社へ赴任するなど、世間の評価、ステイタスが上がる会社を選ぶ傾向。オフィスで外国語が飛び交うような職場環境は刺激となり、幸福度アップ。

♃ 木星 × ♂ 火星

仕事のハッピー度のカギは「常に前向きな考えで働ける職場環境」。毎日同じメンバーと一年中同じような仕事に取り組むことは、最も不幸なこと。お金ではなく、尊敬できる人が職場にいるか、職場が活発で刺激的な環境で働くことができるかが幸せ度アップにつながるタイプ。

♃ 木星 × ♅ 天王星

仕事のハッピー度のカギは「人類のためになる仕事」「とても意義がある仕事かどうか」。これらを満たす職場であれば、前向きな気持ちで働くことのできるはず。ただ、生活のために働くことに苦痛を感じる傾向あり。働く人間の意見を反映する企業などであれば、幸福度はアップ。

♃ 木星 × ♄ 土星

仕事のハッピー度のカギは「経済的に満足かどうか」。給与が仕事内容によって変動するような不安定な場合は、幸福度はかなりダウン。また、「行った仕事にキチンと評価してくれる」ことも大事な要因。前向きな意見を提言してくれる人がいる職場だと、満足度はさらにアップ。

♃ 木星 × ♇ 冥王星

仕事のハッピー度のカギは「仕事仲間との信頼関係」。短い期間で辞めてしまうことがあると燃焼不足になるため、長く勤めて満足いく信頼関係を気づくタイプ。厳格な社内ルールのある職場環境には馴染めない傾向。個性を大事にしてくれる会社なら幸福度は向上。

♃ 木星 × ♆ 海王星

仕事一筋の人が多い、挫折体験やクールな志向をする人が多い職場では、息苦しさを感じ、幸せ度は減少。ただ、同じような分野や職種の会社でも、就業後に飲みに行く、趣味を楽しめる仲間ができるなど、仕事場の人間関係で仕事のハッピー度はアップする傾向あり。

「木星」で読み解く方法

金　運

「木星のある星座の守護星」から「金運のハッピー度」を読み解きます。
STEP1 の「金運全般」（P98 ～ P100）と合わせてさらに詳しく占います。

占う手順

① 例題を使って出生時間のないホロスコープを作成する（第２章 P45 参照）。
② 作成したホロスコープで「木星（♃）がある星座」を確認する。
③ ②で確認した「木星（♃）の星座の守護星」を確認する。
④ ③で確認した「木星×木星のある星座の守護星」の解説データ（P115 ～ P116）から「金運」を読み解く。
※出生時間のわかる場合は、出生時間を入力したホロスコープを作成します（P119 参照）。

例題
誕 生 日：1994 年 7 月 5 日
出生時間：出生時間不明
出生場所：東京

＜金運で読み解く惑星がある星座と守護星座＞

木星がある星座と守護星	蠍座＝冥王星

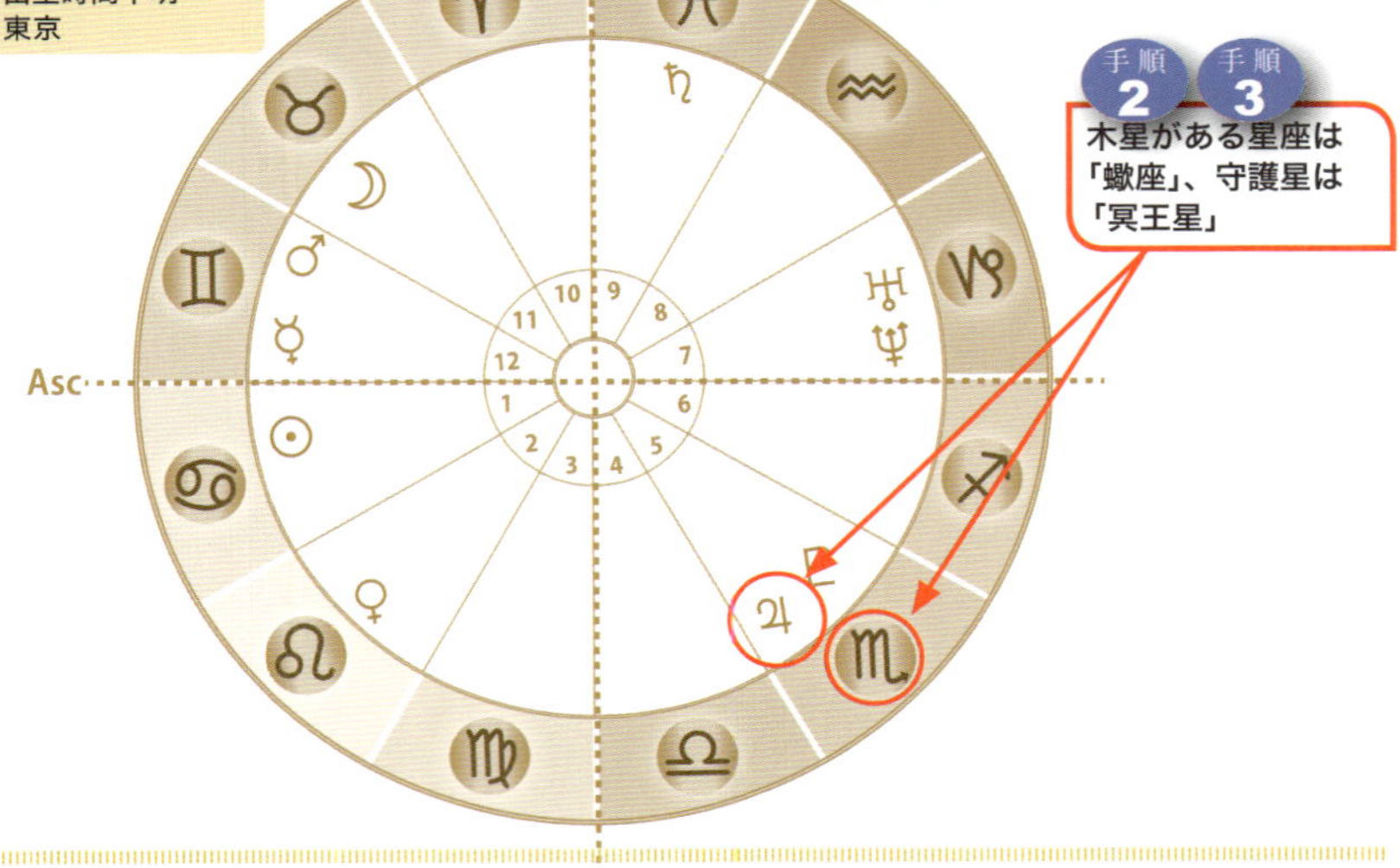

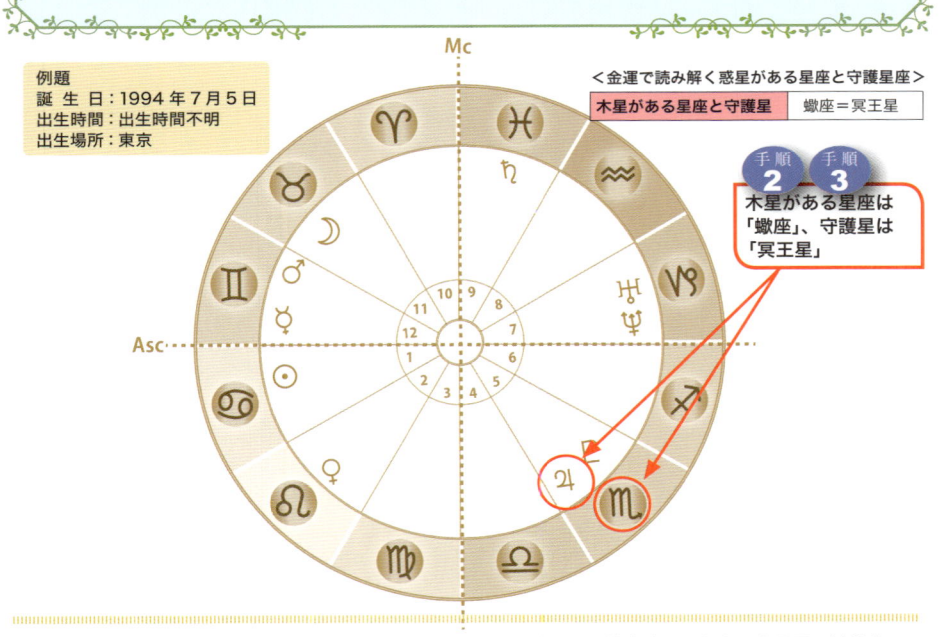

太陽☉＝獅子座　月☽＝蟹座　水星☿＝双子座・乙女座　金星♀＝牡牛座・天秤座　火星♂＝牡羊座
木星♃＝射手座　土星♄＝山羊座　天王星♅＝水瓶座　海王星♆＝魚座　冥王星♇＝蠍座

「木星」と「木星のある星座の守護星」で読み解く

金運のハッピー度

「金運」は、稼ぐこと、使うことでワンセットになっています。10惑星の中で「最も幸運な星」とされている木星と、木星が位置する星座の守護星（惑星）を見ることで「お金をどんな方法で稼ぐことが嬉しいなのか」「どんなことに使うことが快感なのか」といった具体的なことがわかります。

それによって、その人のお金に関わる幸福度を読み解くことができます。

例題では、「木星」と「木星のある星座＝蠍座の守護星＝冥王星」を読み解きます。

占う コツ

「使うか」「貯めるか」でアドバイスの方向性を変える

幸福感のベースが「貯めること」「使うこと」かで、金運のハッピー度は変わります。第3章 STEP1「金運全般」(P98～P100)、STEP 2「金運のハッピー度」(P115～P116) を確認して、「貯めること」「使うこと」どちらに幸福感を持つかでアドバイスの方向性を決めましょう。

♃ 木星 × ☽ 月

「入ってきたお金がどのように使われるのか」が幸せを感じる基準。お金が家族の幸せのために使われることは「よい癒し」であり、理想的で一番の幸せと感じるタイプ。使い方が家を建てるなど、家族のために使う場合、幸福度は向上傾向に。

♃ 木星 × ☉ 太陽

「仕事の収入が増える」「配偶者の仕事の収入が増える」など、キチンとした労働での収入に幸福度は高くなるタイプ。反面、ギャンブルなどで手に入れたお金には幸福感を感じないよう。ただ、株式投資での成功など、自分の力で得たものであれば幸せを感じる傾向に。

♃ 木星 × ♀ 金星

「お金が生活を潤すことに使えるか」が幸福度をアップするカギ。贅沢ができる経済状態であればとても幸せだが、「生活のためにお金を使わなければならない」「自由にお金を使えない」と幸福度は低迷することに。ただ、食事にお金をかけたときは幸せと感じる傾向あり。

♃ 木星 × ☿ 水星

「自分の技術、知的能力によってお金が得られるか」が幸せを感じられる基準。仕事そのものが技術や知的能力を必要とする分野であれば、幸せ度もアップ。また、懸賞ハガキで賞金や賞品を得られるなど、なにかしら成果をあげられることにも幸せを感じるはず。

♃ 木星 × ♃ 木星

「使ったお金が倍になって戻ってくるような状況」が、幸せを感じられる基準。使ったお金が増えることに、なによりの幸せを感じるタイプ。「投資したお金が倍に増える」「購入した骨董品などに高い値がついて売却」など、お金を増す行為を自ら行うことに喜びを感じるはず。

♃ 木星 × ♂ 火星

「人前で自分から進んで自由にお金を使うことができること」にとても幸せを感じるはず。たとえば、人にごちそうするなど、ちょっとした行為を自然に行うことが理想的なお金の使い方に。また、宝くじやギャンブルなどでの収入でも、幸福度アップするタイプ。

♃ 木星 × ♅ 天王星

ハッピー度のカギは「予想外の多額のお金が入るか」。宝くじなど、思いもしない大金が入ると大変幸せ。起業しても、普通の収入では決して満足しないタイプで、多額の入金を得ることが成功の証しに。そのため、平凡な金銭感覚ではなくなることも多々あり。

♃ 木星 × ♄ 土星

「入ったお金が出ていかないこと」が幸せを感じるポイント。「お金は先祖代々のもので、つぎの代にもつなげていく」という精神の持ち主で、預金通帳の額の増加はハッピー・アイテム。散財はしない傾向があり、ケチに見えるが堅実なタイプでお金に対してはとても実直。

♃ 木星 × ♇ 冥王星

「苦労なく稼ぐこと」がハッピー度のカギ。コツコツと努力して稼ぐことは苦手で幸福度はダウンする傾向あり。しかし「ギャンブルなどの一発勝負」「金融商品などへの投資」などで得られるお金で幸せ度アップ。遺産、慰謝料などの不労所得には幸せを感じるタイプ。

♃ 木星 × ♆ 海王星

「お金はお足、逃げていくもの」「お金は天下のまわりもの」という観念の持ち主。「人のために大金を出す」「好きなことのためにまとまった額を使う」など、お金を使うことに幸せを見出すタイプ。自分の納得いくように使えると、金運のハッピー度は高くなる傾向に。

第４章

上級編

出生時間のある
ホロスコープから
「人生傾向」と「未来」を
読み解く

レッスン

上昇宮と天頂でプロ並みに占う！「人生傾向」

初級編、中級編では、出生時間のないホロスコープで占いました。上級編の第4章では、出生時間を入力したホロスコープを作成して、「上昇宮（Asc）×天頂（Mc）」から22パターンの「人生傾向」を読み解きます。

「その人だけのホロスコープ」で「人生傾向」を占う

たとえば、基礎編の太陽星座だけで占った場合や初級編で出生時間のないホロスコープで占った場合は、同じ星座であれば得られる情報はほぼ同じになります。

けれど、出生時間を入力したホロスコープは、「占う人だけの運命を表すホロスコープ」になり、「上昇宮」、「天頂」を使って、個人の人生をイメージする「人生傾向」を読み解くことができます。

上昇宮が示す「生まれたままの自分」を具体的に読み解く

「上昇宮」は、ホロスコープ上では〈Asc（アセンダント）〉で示されています。

生まれた時間に東の地平線に昇っていた星座で第1ハウスの起点＝スタートラインを示し、〈人生の約40％〉の情報を持っています。「上昇宮」からは、気質・容貌・生活スタイル・第一印象など、「素の自分自身、生まれたままの自分」がわかります。

1日で360度星座をめぐる「上昇宮」では、出生時間が1時間違えばハウスの角度が15度ずれるため、同じ誕生日の人とは異なる「生まれたままの自分」を読み解くことができるのです。

天頂が示す「人生の到達イメージ」を具体的に読み解く

「天頂」は、ホロスコープ上では〈Mc〉で示されています。

出生時間に最も高い位置にある「天の頂点」を「天頂」と呼び、第10ハウスの起点＝人生での到達イメージ〈ゴール〉を示し、〈人生の約60％〉の情報を持っています。

「天頂」からは、社会での活躍・自己実現・社会的地位・天職・ライフワークなど、「社会にどうかかわり、活躍をし、なにを成し遂げるか」という「人生の到達イメージ」を読み解くことができます。

出生時間を入力してホロスコープをつくる手順

出生時間を入力した「その人だけの運勢を表すホロスコープ」を作成しましょう。ホロスコープは、インターネットの無料サイトを使って簡単に作成することができます。

＊入力画面は各サイトによって違いますので、各サイトの内容を確認して入力してください。

入力の方法

出生時間を入力します。

「AD」を選択して、生年月日を西暦で入力します。

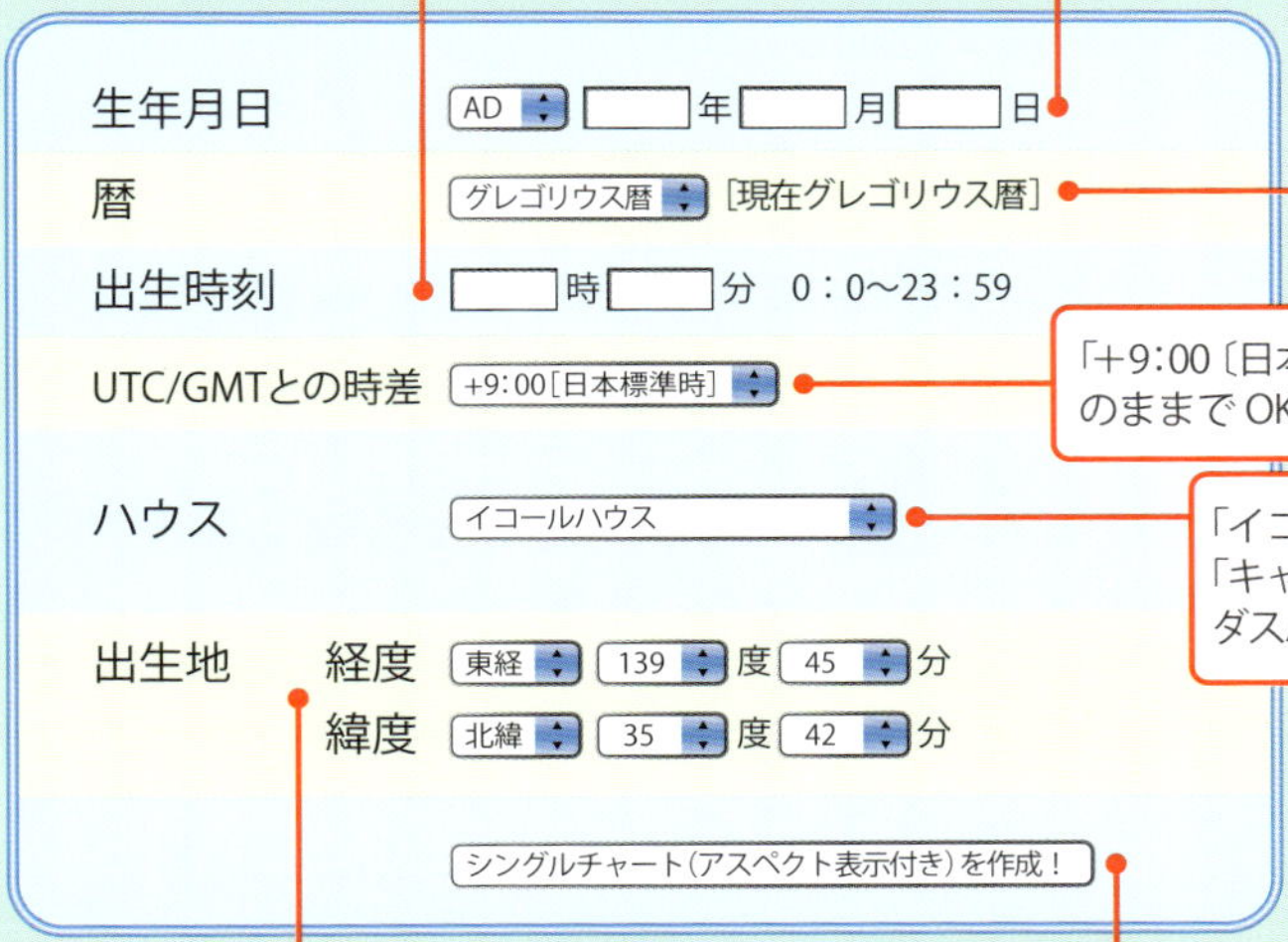

グレゴリウス歴を選択します。

「+9:00〔日本標準時〕」のままでOKです。

「イコールハウス」または「キャンパナス」「プラシーダスハウス」を選択します。

上昇宮（Asc）×天頂（Mc）を割り出すために「都道府県別経緯表」（P143）で軽度緯度を確認し、入力します。

必要事項を入力したら、クリック！ ホロスコープ画面に変わります。

＊「キャンパナス」「プラシーダスハウス」を選択した場合には、Asc/Mcハウスの計算をするために「都道府県別経緯表」（P143）で経度緯度を確認、入力してください。

パソコンで、簡単にホロスコープをつくる手順。ほとんどのサイトは、この入力方法でOKです。

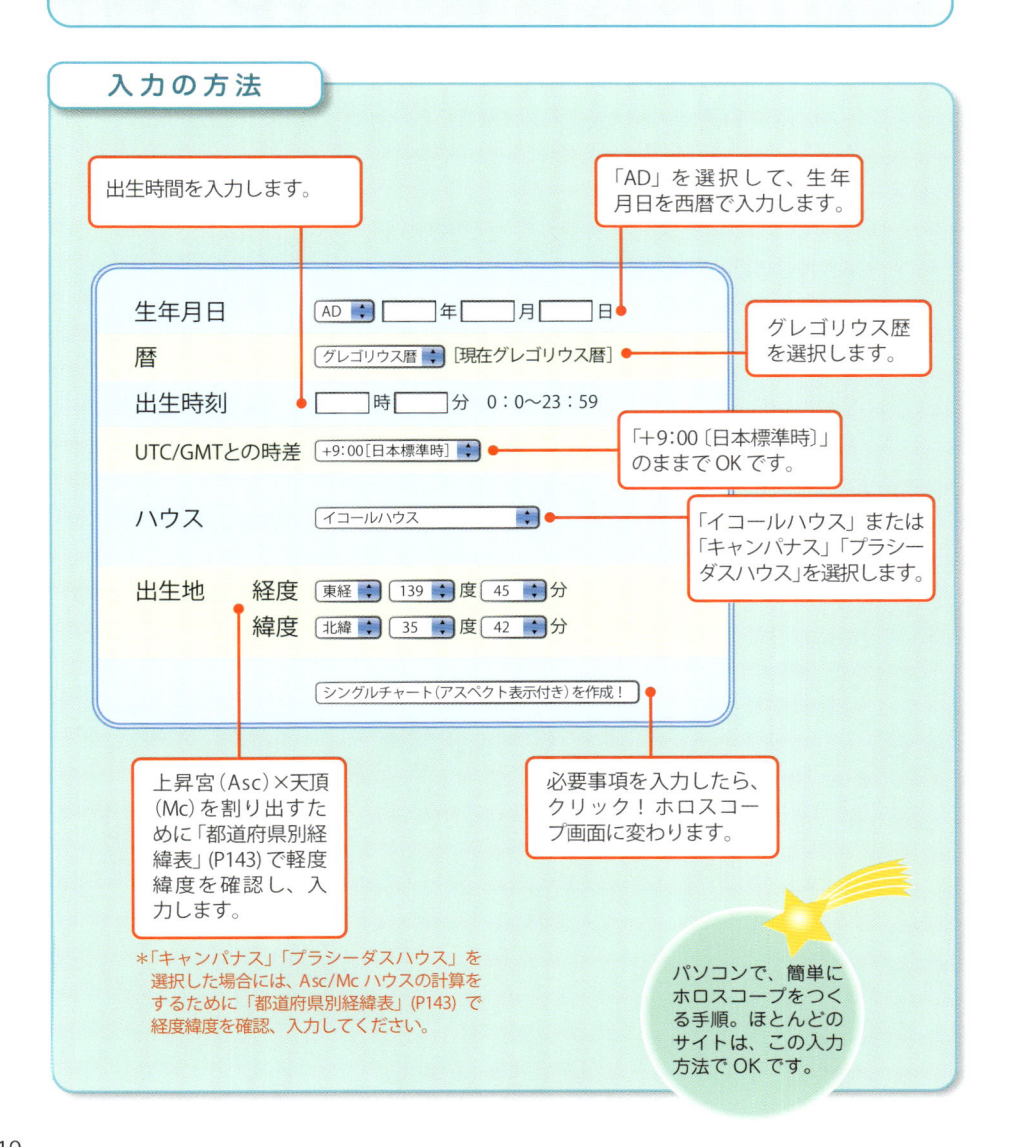

上昇宮に位置する星座×天頂に位置する星座で「人生傾向」を読み解くレッスン

「上昇宮の星座」で「生まれたままの自分」、
「天頂の星座」で「人生の到達イメージ」を詳しく読み解き、
本人の星座の情報を加えることで「生きるヒントや社会での役割」など、
よりよい「人生の傾向」にアドバイスをしてあげましょう。

占う手順

① 出生時間と出生地を入力したホロスコープを作成する
（第2章 P119 参照）。＊出生地は、P143「都道府県別経緯度表」の数値を参照。
② 作成したホロスコープで「上昇宮 (Asc) に位置する星座」を確認する。
③ 作成したホロスコープで「天頂 (Mc) に位置する 星座」を確認する。
④ ②③の組み合わせを確認して、「上昇宮に位置する星座×天頂に位置する星座」の解説データ（P121～P126）を確認する。
⑤ ホロスコープの太陽の位置から占う人の 12 星座をチェックし、第 1 章 STEP 1「潜在的な性格」(P14 ～ P23) を確認します。
⑥ ⑤の「12 星座のデータ」と ④ の「上昇宮×天頂の星座データ」を読み解いてアドバスを 行う。

例題
誕 生 日：1994 年 7 月 5 日
出生時間：午前 10 時
出生場所：東京

＜上昇宮・天頂に位置する星座と 12 星座＞

上昇宮 (Asc) に位置する星座	双子座
天頂 (Mc) に位置する星座	乙女座
12 星座	蟹座

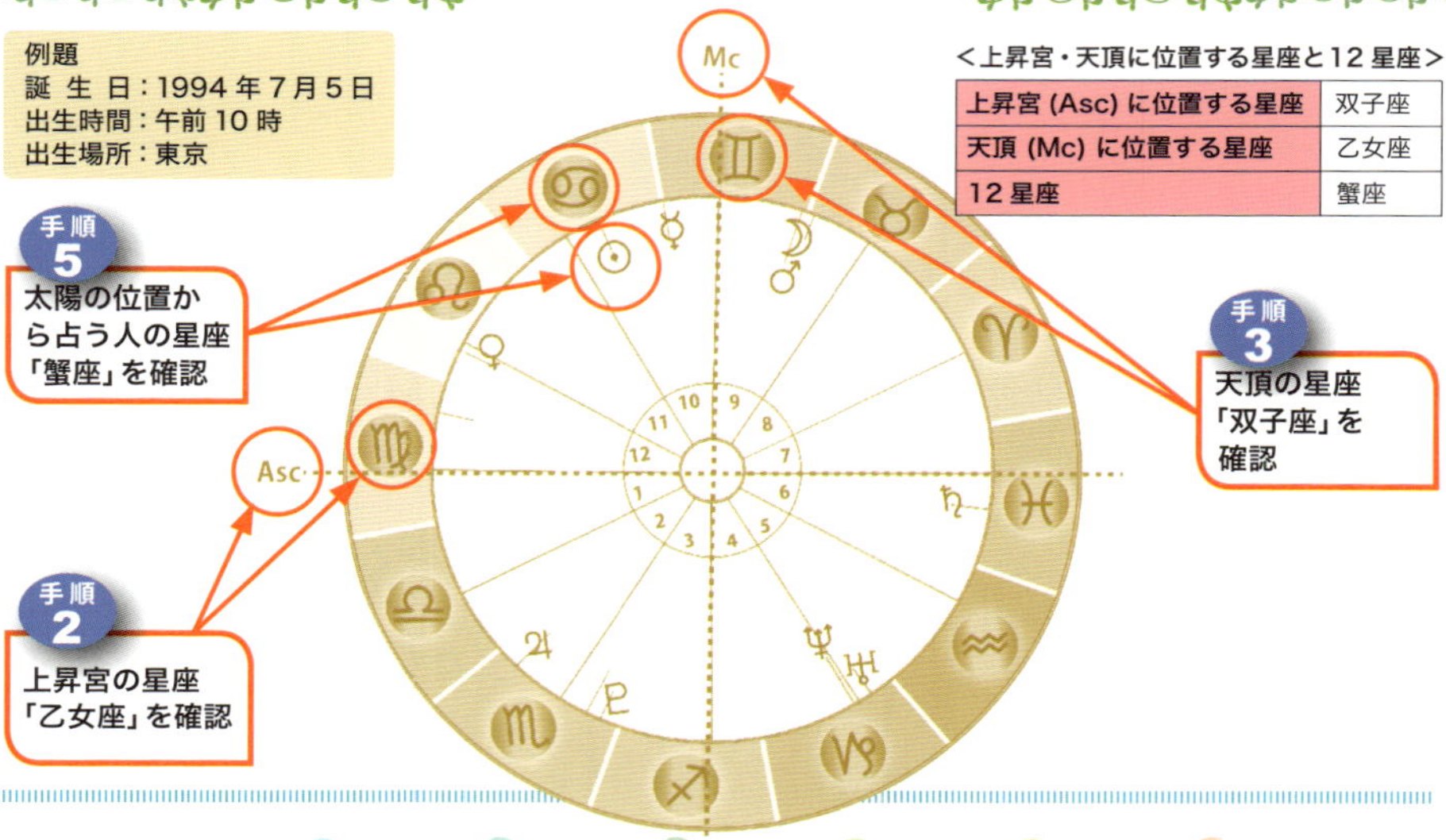

牡羊座＝♈　牡牛座＝♉　双子座＝♊　蟹　座＝♋　獅子座＝♌　乙女座＝♍
天秤座＝♎　蠍　座＝♏　射手座＝♐　山羊座＝♑　水瓶座＝♒　魚　座＝♓

上昇宮の要素 性格 上昇宮の示す「性格」　天頂の要素 人生 天頂が示す「人生の到達イメージ」

牡牛座 上昇宮 Asc と 山羊座 天頂 Mc

性格 誠実で慎重、努力家で冷静沈着、的確な判断能力を持っている人です。口数が少なく、若いころは引っ込み思案なところもありますが、誠実な人柄で信頼を得ます。優れた管理能力を持ち、責任ある立場に立つと運気も上がります。

人生 この組み合わせの場合は、家長などの跡取りに生まれることが多いといえます。生涯しっかりとしたライフプランを持ち、社会的にも経済的にも成功する人生です。ただ、支配的な面もあり、人から敬遠されないよう注意が必要です。

アドバイス・トークのポイント

騒がしい場所は苦手なので、静かな場所で占ってあげるとアドバイスが生きます。

牡羊座 上昇宮 Asc と 山羊座 天頂 Mc

性格 太陽星座が何座であれ、強い生命力あり、率直で勇敢な性格となります。向上心も旺盛で活動的なリーダータイプです。突発的な思いつきで大胆に物ごとを進めていくことが得意です。野心家であり、努力を惜しみません。

人生 目的達成のためには努力を惜しまないので、人生では必ず決定打を打ち放つことができます。野心家であり、仕事などですばらしい功績を残す人です。単独行動を好む面がありますが、短気で情熱が長続きしないのが弱点。

アドバイス・トークのポイント

人生によくも悪くも身内が大きく影響。家庭環境も占ってから、アドバイスを。

占うコツ

上昇宮や天頂近くにある惑星から、「人生傾向」をさらに深く読み解く方法

上昇宮や天頂の各ラインに接近する惑星がある場合、その惑星の影響を受けている可能性があります。

「惑星が守護する星座」の情報を加えることで、<上昇宮の星座×天頂の星座>のデータだけでは見極めきれなかった「性格」や「人生の到達イメージ」を読み解くことができます。また、惑星が複数の場合は、個数分データを読み解きます。

例）2013年12月20日・午前9時生まれ

①上昇宮と天頂の星座を確認

★ 上昇宮の星座　「水瓶座」
★ 天頂の星座　「蠍座」

「上昇宮・水瓶座×天頂・蠍座」のデータを読み解く。

②上昇宮と天頂に接近する惑星の守護する星座を確認

★ 上昇宮に接近する惑星
「金星の守護する星座＝牡牛座・天秤座」
★ 天頂に接近する惑星
「土星の守護する星座＝山羊座」

「上昇宮・牡牛座×天頂・山羊座」＋
「上昇宮・天秤座×天頂・山羊座」のデータを読み解く。

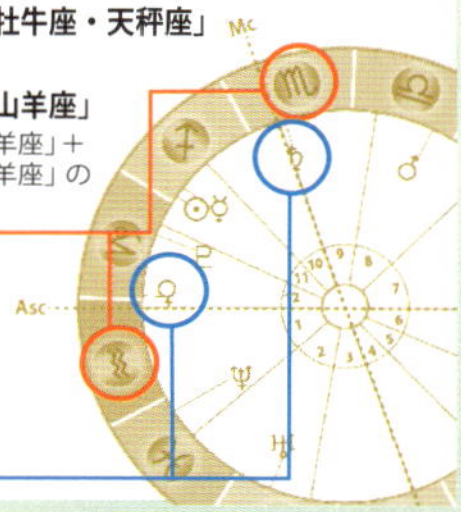

①上昇宮と天頂の星座「水瓶×蠍座」のデータを読み解く

②上昇宮と天頂接近する惑星が守護する星座「牡牛座×山羊座」「天秤座×山羊座」のデータを読み解く

上昇宮の要素 性格 上昇宮の示す「性格」　天頂の要素 人生 天頂が示す「人生の到達イメージ」

双子座 上昇宮 Asc と 水瓶座 天頂 Mc

性格 好奇心旺盛で、常にふたつのことに関心があり、言葉も巧みです。フレンドリーな雰囲気が特徴で、だれとでもすぐに友だちになれます。また、男女どちらの能力も兼ね備えており、女性であれば男まさりで頼もしくなります。

人生 人生の理想は、独立と自由。結婚、就職などで自分の世界を固定させてしまうことは避けたいと思うタイプです。社会的なことに関心を持ち、仕事は有能です。外交的な能力、文筆的能力などを生かせる分野でグローバルに活躍します。

アドバイス・トークのポイント

占うときは、フレンドリーな雰囲気を大切に。よりよい答えを導き出せます。

牡牛座 上昇宮 Asc と 水瓶座 天頂 Mc

性格 大変落着いた性格と旺盛な好奇心でいつも刺激を求める性格が同居しています。普段はのんびり屋さんですが、いざという時は俊敏な行動力を発揮します。また、理屈っぽく、素直に人に従うことには抵抗があります。マイペースですが友だちが多く、仲間に信頼されます。

人生 理想は高く、心は常に前向きです。独立独歩で人に頼らない生き方を望み、いかなる努力も惜しみません。本人が一番重視するのは、自由に生きること。経済的には、恵まれているといえます。

アドバイス・トークのポイント

なかなか本心を見せないこともあるので、まずは話を聞くことからスタート。

蟹座 上昇宮 Asc と 魚座 天頂 Mc

性格 夢みがちな性格で、男女とも大変なロマンチスト。現実の世界より、妄想の世界にいる時間が多いタイプです。内気なようで短気でせっかち、正直なようで気持ちは移りやすく、つかみどころのない面もありますが、優しさは人一倍です。

人生 エキセントリックな性格は、創造的な人生をもたらします。旺盛なサービス精神を生かせる分野で成功し、ある程度の財産を築くことができます。敵をつくることはないけれど、優柔不断が原因でトラブルが発生しやすい傾向があります。

アドバイス・トークのポイント

けっこう感情的なので、最初にいい雰囲気にする必要があります。おだやかな口調がオススメ。

双子座 上昇宮 Asc と 魚座 天頂 Mc

性格 クールでしなやか、かつしたたかでもある性格ですが、人の気持ちにとても敏感で常に気づかいを忘れません。物知りで、大変上手に人を導きます。ただ、神経が過敏すぎる傾向があり、人間関係で疲れてしまうことが多いかもしれません。

人生 優れた感覚を持っていることから、そのセンスを生かす分野の仕事で成功します。また、人生のキーワードである「奉仕」を選択することもあります。金銭面のこだわりはなく、財産は多いか少ないかの極端な状態になりやすいといえます。

アドバイス・トークのポイント

吸収力があるので、細かいところまで占ってあげれば自己の道を開くアドバイスに。

獅子座 上昇宮 Asc と 牡羊座 天頂 Mc

性格 無邪気で感情豊か、陽気でパワフルです。生命力に恵まれ、活動範囲はとても広く、常に目立つ存在です。喜怒哀楽が激しく、ドラマチックな性格は成長しても変わりません。虚勢を張る傾向はありますが、だれよりも公明正大です。

人生 常にナンバーワンを目指しています。一流のものを愛し、肩書きや名誉に対して執着心は強く、最後にはそのポジションにたどり着きます。お金使いは派手で貯蓄は苦手ですが、金銭面での苦労はあまりないといえます。

アドバイス・トークのポイント

ストレートな表現でアドバイスしてあげることが、とても大切です。

蟹座 上昇宮 Asc と 牡羊座 天頂 Mc

性格 一見おとなしそうですが、だれよりも喜怒哀楽の激しい性格です。やわらかなレースの下に鉄の手を隠し持っているタイプで、好戦的でもあります。好きなことにはマメで追求心が旺盛ですが、飽きっぽいところが欠点でもあります。

人生 人生の目的は、自分のカラを破って、パイオニアとして活躍することです。活動的で肉体を使う仕事で成功します。全力投球で前進していくパワーもあり、女性も男性的気質で目的を達成するまで粘り強く進みます。

アドバイス・トークのポイント

親子関係に問題が起きやすいタイプなので、占うときは親のことも占いましょう。

乙女座 上昇宮 Asc と 牡牛座 天頂 Mc

性格 基本的には真面目で、とても誠実で謙虚です。何ごとにも熱心で、とことんやり抜こうとする優等生タイプ。雄弁で大演説家になることもあります。安定を好み、自分のペースを乱されることが嫌いです。

人生 とても品行方正で勤勉な性格が評価され、人からも全幅の信頼を得て経済的にも安定するでしょう。物ごとを管理する能力に長けているので、どの分野の仕事にかかわっても社会的な地位が上がっていきます。晩年は財運がよくなり、経済的にも安定します。

アドバイス・トークのポイント

心を開くのに時間はかかるタイプなので、相手のペースに合わせて占うように。

獅子座 上昇宮 Asc と 牡牛座 天頂 Mc

性格 常に太陽に向かって歩いているような正直な性格です。負けず嫌いで人の見ていないところで努力するようなタイプ。頑固な面もあって、なかなか自分の意志は曲げません。勉強、趣味、人間関係などに対する本物志向はとても強く、すべての質にこだわる傾向があります。

人生 確固たる地位、安定を求める人生を望み、着実に危険を回避して計画的に一歩ずつ上を目指していきます。派手に見える反面、しっかりとした経済観念を持ち、経済面でも安定・成功するタイプです。

アドバイス・トークのポイント

頑固なところがあるので、決めつけた言い方は避けたほうが賢明です。

上昇宮の要素 性格 上昇宮の示す「性格」　天頂の要素 人生 天頂が示す「人生の到達イメージ」

天秤座 上昇宮 Asc と 蟹座 天頂 Mc

性格 だれからも好かれ、幼いころから注目されます。活動的、社交的であり、とても甘え上手。人に囲まれて過ごしますが、本人は人の評価が気になるため、つい調子にのって安請け合いしてしまい、後で困ることも多くあります。

人生 愛されることが人生の望み。洗練されたセンスを持ち、それが人生の糧へとつながり、時代を代表するような人気の仕事に携わる可能性を持っています。仕事場では常に重宝がられ、周囲から愛されて出世します。

アドバイス・トークのポイント

人からの評価を気にするので、まずそこに重点をおいて占ってあげましょう。

乙女座 上昇宮 Asc と 双子座 天頂 Mc

性格 頭の回転が速く、物ごとを適格に判断します。また、神経質で口うるさい面もありますが、気づかいのできる性格で人の上に立っても決して威張ることはありません。お茶目で人を笑わせることも好きです。反面、情愛はクールです。

人生 情報通で判断力に富み、スピーディーで意欲的に物ごとを処理します。仕事をするために生まれてきたような仕事人間タイプが多く、ふたつの仕事を同時にこなします。ただ、繊細なため人間関係につまずきやすい傾向があります。

アドバイス・トークのポイント

とても社会性が強いので、まずは仕事のことから占ってあげるとよいでしょう。

蠍座 上昇宮 Asc と 獅子座 天頂 Mc

性格 陰と陽が混じり合い、近寄りがたい雰囲気があります。気性は激しく短気ですが、根は陽気で竹を割ったようなサッパリした性格です。探究心と持続力もある反面、何ごとも型破りで遊びも豪快です。団体行動は苦手です。

人生 この組み合わせは、帝王がふたつ重なることを意味し、人の上に君臨する人生を表しています。有力者に引き立てられる運もあり、華やかな生活を送る人が多いでしょう。一芸に秀でることで社会的な成功を収め、財運を高めることも。

アドバイス・トークのポイント

最初は自分を見せないこともあるので、時間をかけて占うようにするとよいでしょう。

天秤座 上昇宮 Asc と 獅子座 天頂 Mc

性格 温和で親切、とても寛大な性格です。多くの人たちとつながっていたいと思う社交的なタイプ。交友関係は、広く浅くの傾向があります。自己顕示欲が強いわりには、自分に甘いようです。

人生 人生の目的は、高い地位を求めて、多くの人の称賛を浴びること。人前に出て、派手な活躍ができる分野の仕事に向いています。自らリーダーシップをとって、人と人をつなぐ仕事で成功します。また、恋が人生を変えてしまう可能性があります。

アドバイス・トークのポイント

本人の話は少々オーバー気味。話の内容を把握しながら占いましょう。

射手座 上昇宮 Asc と 乙女座 天頂 Mc

性格 とても楽観的で感情的な性格と、静かで現実的な無感動なふたつの異なった性格を持ち合わせています。好奇心は旺盛で、知性を磨くことに時間とお金を費やします。良識ある人ではありますが、完璧主義な面もあります。

人生 勤勉にコツコツ働いて、人生を築いていく人です。妙に慎重なわりには、マイペース。人と合わせることが苦手でその面が前に出ると、社会生活には支障はないものの、結婚生活などのプライベートで問題が生じやすくなります。

アドバイス・トークのポイント

差し障りのない話から本題のアドバイスに入ることで、占いやすくなります。

蠍座 上昇宮 Asc と 乙女座 天頂 Mc

性格 激しい情熱と冷静さを持っています。自分をよく理解し、分析できる人です。知的好奇心が旺盛で趣味も多く、教養を高めることが好きな学究肌といえます。合理主義者で、経済面も緻密な計画性を持って安定させていきます。

人生 自分の知性によって、世の中に出ていきたい願望があります。人生の青写真はしっかりと描き、思い描いた人生を歩む人が多いといえます。経済面も同様で、計画的に財を高めます。ふたつ以上の収入源を持つ傾向があります。

アドバイス・トークのポイント

話すよりも、読み解いた結果を書いたものをベースに説明してあげましょう。

山羊座 上昇宮 Asc と 天秤座 天頂 Mc

性格 地道で温和ですが、行動力のある性格です。人との争いが苦手で、人と人との潤滑油的な存在です。そのため、周囲の人の相談にのることも多く、面倒見のよい人です。

人生 とても上昇志向が強く、計画性を重視した知的な人で、人と人をつなぐような仕事で成功するでしょう。また、多くの人に支持され、地位を確立していきます。経済的にもバランスがとれた人であり、上手なお金の使い方をします。

アドバイス・トークのポイント

周囲の人たちとかかわることに重点をおいて占うと、よいアドバイスができます。

射手座 上昇宮 Asc と 天秤座 天頂 Mc

性格 開放的でフレンドリーです。友だちと一緒にいたほうが幸せと感じるタイプなので、交友関係は充実しています。ただ、意外と他人の心の動きには鈍感。周囲への気づかいを忘れないことで人生がよい方向に向くことも。

人生 変化が好きで、移動は得意。世界中を見てみたいという欲求も高く、生活の場は国内にとどまりません。グローバルに活躍して財を築くタイプです。友だちが幸運をもたらしてくれ、ときには結婚が人生の傾向を決定することもあります。

アドバイス・トークのポイント

上から目線でのアドバイスは避けて、できるだけ友だち目線でのアドバイスを行いましょう。

上昇宮の要素 性格 上昇宮の示す「性格」　天頂の要素 人生 天頂が示す「人生の到達イメージ」

水瓶座 上昇宮 Asc と 蠍座 天頂 Mc

性格 フレンドリーで淡泊、とても聡明で爽やかな性格と情愛深く意志を曲げない性格が同居しています。学芸、科学に優れた才能があり、型にはめられるのが苦手で協調性を欠くこともあります。

人生 人生の目的は、自由に動いて目標に到達することです。どこにいても一目置かれる存在。強い個性は人を惹きつけ、周囲の支持を得て伸びていきます。個人主義的なところはありますが、人間関係に支えられる人生だといえるでしょう。

アドバイス・トークのポイント

理論的な伝え方をしてあげれば、信頼されてよりよい占いができます。

山羊座 上昇宮 Asc と 蠍座 天頂 Mc

性格 おとなしい雰囲気ですが、内面では激しい炎が燃えているタイプです。ハッキリとした自己目標や意思を持ち、ストイックに自分を律していきます。団体行動は大変苦手で単独行動が好き、少々秘密主義なところがあります。

人生 継続性があり、どの分野に進んでもスペシャリストになるでしょう。また、幼少期の経験が人生の指針の基盤になる人も少なくないようです。自分の努力により、評価されることを願います。人生は中年期以降に大きく花開くこととなります。

アドバイス・トークのポイント

自己を表に出さない人なので、相手のペースに合わせつつ占いをしましょう。

魚座 上昇宮 Asc と 射手座 天頂 Mc

性格 感じやすく親切で、自由を愛する性格です。どんな人でも受け入れる寛容さが備わった、器の大きなタイプです。それだけに、なにを考えているのかわからないと思われることもあります。弱点は、人を信じやすく騙されやすい傾向があること。

人生 人々のために働くことを望んでいます。旺盛なサービス精神を生かせる分野で大成します。また、未知の分野でパイオニアになる可能性も。ただ、経済的には不安定で、人の意見で失敗しやすい傾向があります。

アドバイス・トークのポイント

スピルチュアルな体質でもあり、占いの吸収力は高い人です。具体的に伝えて。

水瓶座 上昇宮 Asc と 射手座 天頂 Mc

性格 理論的で頭脳明晰、友好的で人柄のよい性格です。バイタリティがあり、学術肌なのに野性味もあってジョーク好き。興味の対象は幅広く、たくさんの人との触れ合いを求め、じっとしているのは苦手です。また、束縛されることを嫌い、恋より友情を大切にするタイプです。

人生 人生の目的は、日々変化を求めること。ひとつのところにとどまることはなく、古い世界を自分の力で新しいものに変えていく革新的な生き方をします。最新の技術や職種で成功します。

アドバイス・トークのポイント

変化を求めるので、未来を見すえた占い方をしてあげましょう。

出生時間で作成したホロスコープで正確なデークを読み解こう

出生時間で作成したホロスコープで、正確なデークを確認

正確なデークは、ホロスコープから読み解くことができます。「デーク」は、一つの星座を10度ずつ分けたものです。

ほとんどの人は、出生時間で作成したホロスコープで「12 太陽星座のデーク早見表」にあてはまるのですが、まれに太陽の進行にズレが生じることがあり、星座の「最初」と「最後」、「境目」に誕生している人はデークが早見表通りではなくなることがあります。

そのため、天体の惑星の運行で星座を決定している星占いでは、正確なホロスコープで判断することが必要になります。

出生時間で作成したホロスコープで正確なデークを確認してみよう

たとえば、＜1990 年 3 月 21 日午前 0 時 20 分・東京＞生まれの場合、牡羊座の期間＝ 3 月 21 日～4 月 19 日から読み解くと「牡羊座・第 1 デーク」に所属すると判断します。けれど、出生時間で作成したホロスコープで読み解いてみると、その年のその日その時刻は、まだ太陽が魚座の 29 度にあることが判明します。

例題　1990 年 3 月 21 日午前 0 時 20 分・東京生まれのホロスコープ

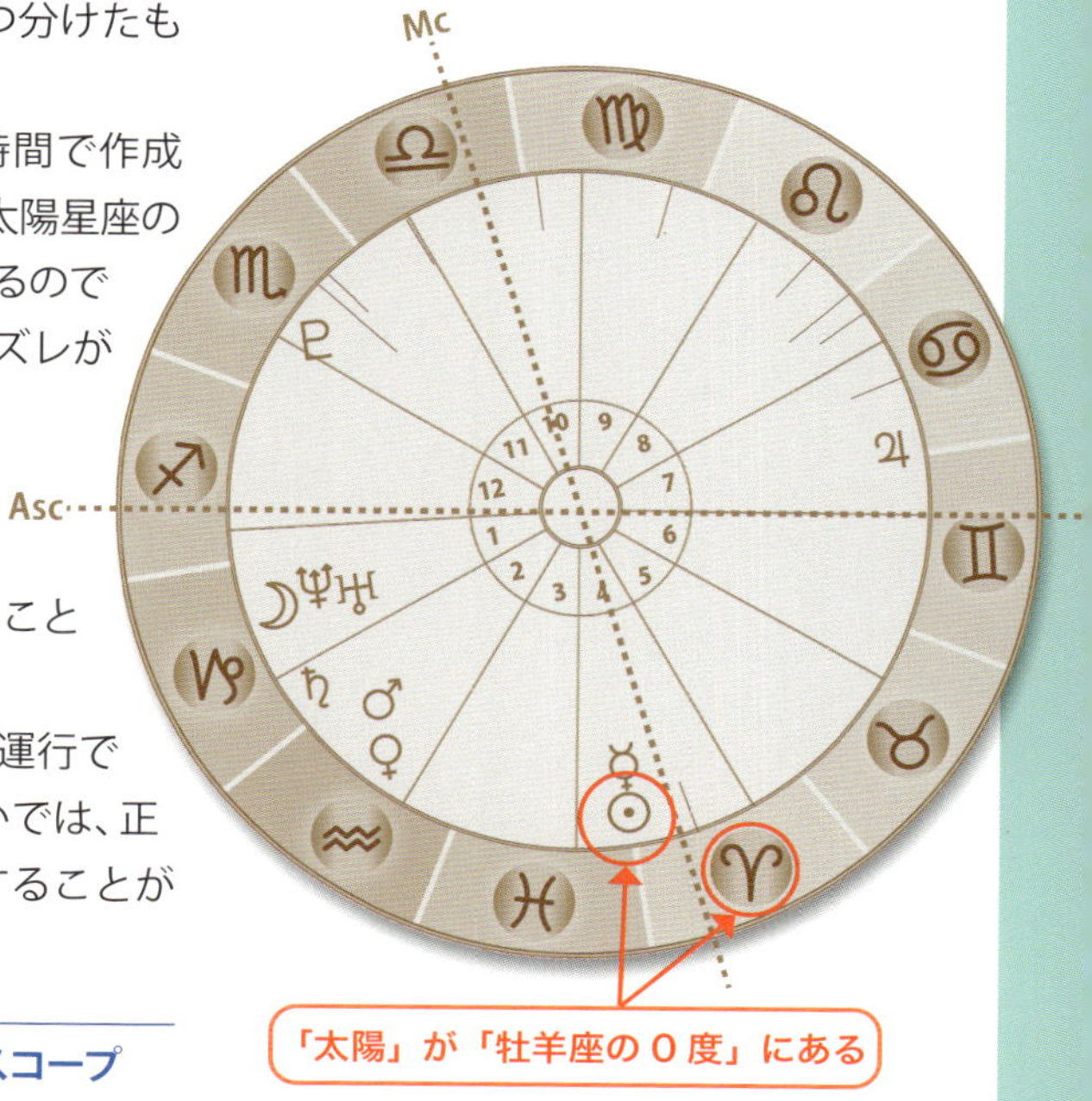

1990 年は 3 月 21 日では、「太陽」が牡羊座の 0°となり、魚座の第 3 デークではなく「牡羊座の第 1 デーク」に所属することがわかります。

例題と同じように「1992 年 3 月 20 日午後 11 時 12 分 東京生まれ」のホロスコープを作成して読み解いてみましょう。

「木星」と「土星」から「未来」を読み解こう

木星と土星が、将来どのハウスにかかわるかを見極めて「未来」を占いましょう。
「木星」は人生に幸運を呼び込み、「土星」は人生の転機を示します。現れる時期を知ることで人生のバランスを安定させ、よりよい未来へと導いてあげましょう。

「約12年に1度の最大の幸運」を示す、木星（♃）

木星は「天のサンタクロース」とも呼ばれ、「拡大・発展」の意味を持ち、惑星の中で「最も幸運な星」となります。また、木星の幸運は「恵みを望むこと」で強くなります。

未来の幸運の動向は、木星が「いつ、どのハウスを進むか」で読み解きます。木星は、ひとつの星座を約1年かけて進み、12星座を約12年間でめぐるため「約12年に1度の幸運な運勢」といわれます。

ただ、木星は実際に天体を動いているため、規則正しく1年で星座を進むわけではなく、その期間は不規則になります。

「約12年に1度の木星」がいつ来るのかは、「24年間の木星の進行表」（P130～P135各頁欄外下）から確認し、しっかりと木星がもたらす「幸運な運勢」の時期を読み解きましょう。

「約33年に1度の最大の転機」を示す、土星（♄）

土星は「試練・忍耐」の意味を持ち、惑星の中では「厳しい転機」をもたらす星とされています。

しかし、その転機がきっかけで成長、転換するチャンスも与えています。土星の告げる転機を謙虚に受けとめることで、幸せな運勢へと導いてくれます。

未来の転機の動向は、土星が「いつ、どのハウスを進むか」で読み解きます。土星は約3年間でひとつの星座をまわり、約33年かけて12星座をめぐります。人生80年であれば、土星の洗礼を2回受けます。

ただ、天体を動いている土星の動きは不規則です。そのため、運行期間は「24年間の土星の進行表」（P137～P141各頁欄外下）を確認し、転機がチャンスになる土星の生かし方をアドバイスしてあげましょう。

木星が導く 未来の「幸運」を読み解くレッスン

**木星の滞在する期間には、「幸運を呼び込む力」があります。
占いたい年月日に「木星が運行する星座」から
「その星座が配置されているハウス」を見極めます。
その期間に「約12年に1度の最高の幸運」の扉が開きます。**

占う手順

① 出生時間のないホロスコープ、あるいは出生時間のあるホロスコープを作成する(第2章P45、第4章P119参照)。
②「木星の進行表(欄外下)」から、占う未来の年月日を探し、その期間に木星が運行している「星座」を確認する。
③ ホロスコープで②で確認した「星座のハウス」を確認する。
④ 木星の運行している「星座のハウス」が示す分野が、占いたい未来の「12年に1度の最高の幸運」になる。

読み解くポイント

●幸運な年を知るには？

「木星の進行表」から、占う相手の星座が表示されている期間を調べます。その期間は、すべての期間が「木星に守られる年」です。「占う手順」にそって、読み解くと“約12年に1度の最高の運勢”がわかります。

●知りたい事柄の幸運な未来を知るには？

知りたい事柄のキーワードのハウスをホロスコープで確認、進行表で読み解きます。たとえば、結婚の場合は「結婚のキーワード＝第7ハウス」をホロスコープで確認。「第7ハウスの星座」→「星座が木星にくる期間を木星の進行表で確認」。それが結婚運の最高の年になります。

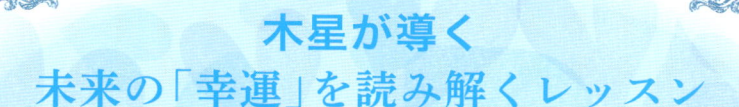

第1ハウス（自分自身）

●全般
ハッピー度 98点

「自分自身」に関することに恵まれます。積極的に行動することで、ハッピーな状態になる最高の時期です。

●新規

「出発」を示しています。何か新しいことをはじめるには最もよい時期で、将来実を結ぶこともあります。

●チャレンジ

「自分自身」を示すので自分の可能性を広げることは幸運を呼びます。ただ、「膨張」も示すのでダイエットはＮＧかも。

アドバイス・トークのポイント

なんにでも使えるオールマイティなカードを持っているようなものです。幸運期を最大活用するためのアドバイスは、不足部分を補うことにチャレンジすること。ホロスコープで木星がいるハウスを調べ、そのハウスが示す分野にチャレンジするようアドバイスを。

第2ハウス（金運アップ）

●全般
ハッピー度 65点

「お金」に関することに恵まれます。収入の増加や貯蓄を増やす努力には、最良の時期で上手にお金を使って運気アップ。

●収入源

新しい収入源ができる暗示があります。新ビジネスへの誘いはよい結果が。得た収入源は、最低12年間持続します。

●使い方

お金がお金を生む年なので、不動産購入、株の購入などの収入を増やすための使い方が好ましい年といえるでしょう。

アドバイス・トークのポイント

「第2ハウスに入っている星座と惑星」を確認し、各意味を読み解き、アドバイスを（第3章「金運」参照）。第1・2・5・6・8・10ハウスに木星があれば安定した金運に、それ以外のハウスならまずまずです。専業主婦や学生は、家長の運勢を確認してください。

24年間　木星の進行表（2022－2029）
● 2022年12月21日～2023年5月17日・牡羊座 ♈
● 2023年5月18日～2024年5月25日・牡牛座 ♉
● 2024年5月26日～2025年6月10日・双子座 ♊
● 2025年6月11日～2026年6月30日・魚座 ♓
● 2026年7月1日～2027年7月26日・獅子座 ♌
● 2027年7月27日～2028年8月24日・乙女座 ♍
● 2028年8月25日～2029年9月24日・天秤座 ♎

第3ハウス（教育・旅行）

●全般 ハッピー度 85点

「教育・旅行」に関することに恵まれます。知的分野の活動や国内・外旅行、留学には最もよい時期です。

●教育

年齢にかかわらず、勉強や習い事など、知的分野を充実させ、知識や教養を深めることで運気がアップします。

●旅行

旅は国内、海外に限らず、長期滞在型の旅計画、知的好奇心を満足させる旅、目的を持った旅は幸運を呼び込みます。

アドバイス・トークのポイント

幸運な旅先のアドバイスは、「第3ハウスの星座と惑星」を確認、「星座と惑星のキーワード」（P9・P25）からヒントを読み解きましょう。たとえば、船を意味する魚座と、歴史を意味する土星なら「船に乗って歴史探検する」と読み解くことができます。

第4ハウス（家族・不動産）

●全般 ハッピー度 70点

「家族・不動産」に関することに恵まれます。生活環境を整えたり、住まいに関することに最良な時期です。

●家族

家族関係や家庭環境が良好になり、家が快適な場所となって運気もさらにアップします。家族に祝いごとがあります。

●不動産

住宅の購入や住み替え、引っ越しなどにも、この期間は最良といえます。住まいや不動産にも縁があります。

アドバイス・トークのポイント

多くの人が自宅に訪れることで家族の絆も深まり、運気が上がります。引っ越しの方位は、ホロスコープから木星の星座を確認。幸運の方角は、牡羊座＝東、蟹座＝南、天秤座＝西、山羊座＝北、牡牛座・双子座＝東南、蠍座・射手座＝西北になります。

24年間　木星の進行表（2029－2033）

● 2029年9月25日～2030年10月23日・蠍座 ♏
● 2030年10月24日～2031年11月15日・射手座 ♐
● 2031年11月16日～2032年4月12日・山羊座 ♑
● 2032年4月13日～6月26日・水瓶座 ♒
● 2032年6月27日～11月30日・山羊座 ♑
● 2032年12月1日～2033年4月15日・水瓶座 ♒
● 2033年4月16日～9月13日・魚座 ♓

第5ハウス（恋愛・エンタテイメント）

●全般

ハッピー度 98点

「恋愛・エンタテイメント」に関することに恵まれます。出会いのチャンス到来。レジャー施設など人の集まる所で幸運が訪れます。

●恋愛

12年に一度の大恋愛運。恋をすることで生活全般が活気づく時期。ただ、異性関係がルーズにならないように注意を。

●エンタテイメント

余暇を楽しむ心のゆとりが生まれます。趣味で行っていることの成果を披露するには、最も適した時期でしょう。

アドバイス・トークのポイント

将来の恋の相手のタイプが知りたい場合は、ホロスコープで占う人の星座を確認、第5ハウスのデータ（P60）を読み解き、ホロスコープで金星、月の星座の位置を確認。第3章の「恋愛運」の解説データを読み解いてアドバイスしてあげましょう。

第6ハウス（健康・仕事）

●全般

ハッピー度 65点

「健康・仕事」に関することに恵まれます。体のメンテナンスに最適の時期。また、仕事の発展や拡大の時期でもあります。

●健康

健康面に不安があれば、健康診断や生活改善などによい時期でしょう。また、よい病院や医師と出合うことができます。

●仕事

働きぶりが高く評価されるなど、よい職場環境で仕事をすることができます。また、転職もよい結果が出るはずです。

アドバイス・トークのポイント

治療や手術、さらに体質改善やダイエットなどはよい効果が得られるはずです。ただ、健康・仕事面ともに、ホロスコープの第6ハウスに火星・土星・天王星・海王星・冥王星のどれかが入っていたら、期間が過ぎてから問題が出てくることがあります。

24年間　木星の進行表（2033－2038） ●2033年9月14日～12月2日・水瓶座♒ ●2033年12月3日～2034年4月21日・魚座♓ ●2034年4月22日～2035年4月30日・牡羊座♈ ●2035年5月1日～2036年5月9日・牡牛座♉ ●2036年5月10日～2037年5月24日・双子座♊ ●2037年1月1日～5月24日・双子座♊ ●2037年5月25日～2038年6月13日・蟹座♋

第7ハウス（結婚・パートナー）

●全般
ハッピー度 60点

「結婚・パートナー」に恵まれます。結婚を考える最もよい時期。人間関係が広がり、パートナー出現の可能性も。

●結婚

「12年に1度の結婚のチャンス」。お見合い、結婚相談所への入会などを含め、婚約、再婚など結婚の手続きにも最良の時期です。

●パートナー

配偶者のように信頼して末永くつき合える親友、ビジネス上でも団体、グループとの出会いがある時期です。

アドバイス・トークのポイント

この期間のいつ結婚相手と出会うかは、誕生日が第1デークなら木星が結婚のハウスに入ってからすぐ、第2デークなら木星が中間の地点、第3デークならつぎの星座へと移行する最後の期間によい出会いがあります（第1章 STEP1 P10～参照）。

第8ハウス（財産・スポンサー）

●全般
ハッピー度 65点

「財産・スポンサー」に恵まれます。不労所得運も表し、遺産相続、他からの財や金銭的支援があります。

●財産

土地、不動産の価格が上がる、遺産相続や生前贈与など、定期的な収入以外の財産が増える時期です。

●スポンサー

金銭面を支援してくれるスポンサーとの出合いがあります。お金に苦労しない生活を送ることも考えられるかも。

アドバイス・トークのポイント

購入する不動産は資産的な価値を持ち、財産になります。また、両親からの支援、銀行ローンの申請もうまくいき、大金を貸してくれる人が現れる可能性も。ビジネスのスポンサーは、金銭面で優れた才覚を持っている人と組むことができるかもしれません。

24年間　木星の進行表（2038－2041）
● 2038年6月14日～11月17日・獅子座♌
● 2038年11月18日～2039年1月17日・乙女座♍
● 2039年1月18日～7月8日・獅子座♌
● 2039年7月9日～12月13日・乙女座♍
● 2039年12月14日～2040年2月20日・天秤座♎
● 2040年2月21日～8月6日・乙女座♍
● 2040年8月7日～2041年1月12日・天秤座♎

第9ハウス（思想・海外）

●全般

ハッピー度 85点

「思想・海外」に恵まれます。精神的に研ぎ澄まされることが多く、海外留学、海外勤務など、海外とよい縁があります。

●思想

思想に講演会、旅行、人との出会いがよい影響を及ぼし、大きく発展して成長する機会を得ることとなります。

●海外

第9ハウスの旅は「長く遠いところ」を示し、長期滞在の海外旅行、留学、海外赴任などには最適で運気をアップさせます。

アドバイス・トークのポイント

自分の思想をインスタグラムやユーチューブなどのSNSで発表するとよい運気を運んでくれます。海外との幸運なかかわり方は、第2章「第9ハウスの星座」のキーワード（P68〜P69参照）を読み解き、そのキーワードに合った目的や場所などを教えてあげましょう。

第10ハウス（天職・業績）

●全般

ハッピー度 60点

「天職・業績」に関することに恵まれます。天職といえる仕事と出合える時期、すばらしい業績を残せる年です。

●天職

くよくよしていると天職にめぐり合ったことに気がつかないことがあるので、感性を研ぎ澄ませるようアドバイスを。

●業績

無理と思っていた仕事も、上司に引き立てられてよい業績を残せるはずです。仕事に全力投球したい期間です。

アドバイス・トークのポイント

「第10ハウスの星座」のキーワード（P70参照）から現在の仕事が天職かを読み解きます。たとえば、第10ハウスが山羊座であれば医療や金融関係など、「経験を積んで熟す仕事」などが天職です。また、業績は、土星が第6・7・8・2ハウスに入っていると低迷の可能性あり。

24年間　木星の進行表（2041－2043） ● 2041年1月13日〜3月21日・蠍座♏
● 2041年3月22日〜年9月6日・天秤座♎ ● 2041年9月7日〜2042年2月9日・蠍座♏
● 2042年2月10日〜4月24日・射手座♐ ● 2042年4月25日〜10月4日・蠍座♏
● 2042年10月5日〜2043年3月2日・射手座♐ ● 2043年3月3日〜6月10日・山羊座♑

第11ハウス（コミュニケーション・希望）

●全般

ハッピー度 90点

「コミュニケーション・希望」に関することに恵まれます。交友関係が良好になり、自信がわいて新たな希望が生まれる時期です。

●コミュニケーション

12年間の長きに渡ってつき合える親友に出会える時期。生活が活気づくような団体とめぐり合うこともあります。

●希望

12年に1度の希望の光が差し込み、前向きな考えがわいてくる時期。周囲の希望の星となることもあります。

アドバイス・トークのポイント

この期間は無理難題、やり遂げることが難しいということであっても、周囲の協力を得て解決することができるでしょう。また、高い希望を持っているようであれば、この時期、積極的に行動すれば望みが叶って幸運が舞い込んでくるはずです。

第12ハウス（奉仕・癒し）

●全般

ハッピー度 60点

「奉仕・癒し」に恵まれます。12年に1度の幸運年・第1ハウスの準備をするため、心身ともに整える時期となります。

●奉仕

積極的に人知れずよい行いをすることで運気はアップします。また、奉仕活動によって、とても幸せな気持ちになれます。

●癒し

疲れている体を休めるのには、よい時期となります。好きなものに囲まれて過ごすことがとても大事な時期です。

アドバイス・トークのポイント

第12ハウスは「明日への準備」「羽ばたくときの準備の時間」となるため、「ひとりでいる時間を大事にする」「よく考える」などを実行するようアドバイスしてあげてください。また、ダイエット、筋肉トレーニングなどで体を理想に近づけるよい時期です。

24年間　木星の進行表（2043－2047）
●2043年6月11日～10月26日・射手座♐
●2043年10月27日～2044年3月15日・山羊座♑
●2043年3月16日～2044年8月9日・水瓶座♒
●2044年8月10日～11月5日・山羊座♑
●2044年11月6日～2025年3月26日・水瓶座♒
●2045年3月27日～2046年4月5日・魚座♓
●2046年4月6日～2047年4月14日・牡羊座♈

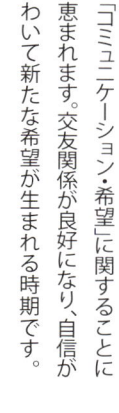

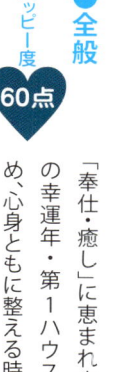

土星が告げる 未来の「転機」を読み解くレッスン

土星の滞在する期間が告げるのは「厳しい転機」。
しかし、それをチャンスに変える期間でもあります。
占いたい年月日に「土星が運行する星座」から
「その星座が配置されているハウス」を見極め、
「約33年に1度の最大の転機」を読み解きます。

占う手順

① 出生時間のないホロスコープ、あるいは出生時間のあるホロスコープを作成する（第2章P45、第4章P119参照）。
②「土星の進行表（欄外下）」から、占う未来の年月日を探し、その期間に土星が運行している「星座」を確認する。
③ ホロスコープで②で確認した「星座のハウス」を確認する。
④ 土星の運行している「星座のハウス」の示す分野が、占いたい未来の「約33年に1度の最大の転機」になる。

読み解くポイント

● 土星の影響する期間を絞り込むには？

大きく影響を及ぼす期間は「誕生日のデーク」から読み解きます。第1デークなら「期間のはじめ」、第2デークなら「中間」、第3デークなら「次の星座に移行する時期」がとくに注意が必要な時期です。

● ハウスを読み解いて、厳しい転機をチャンスに変えるには？

土星が第1・2・5・6・8・10ハウスに入っている時期は「厳しい転機の時期」。ハウスの内容に関して、前向きに努力、克服するなど、意識的に運気をコントロールすることで最大の「転機がチャンスに」変わります。

第1ハウス（自分自身）

●全般

転機度　98点

「自分自身の転機」を示しています。さまざまな事柄に行き詰まりを感じ、改革などの変化が必要な時期でしょう。

●新規

土星は山羊座の守護星でもあり、自己を厳しく律して、知的な能力や実務の才能を磨いていくことで運気がアップします。

●チャレンジ

自分をリセットする転換期となるため、生活全体を方向転換させ、精神性を高める努力でさらに運気が上がります。

アドバイス・トークのポイント

進んで改革して悪い運を回避することも可能です。土星の影響を一番強く受ける時期が回避時期。第1デーク生まれは土星が入ってすぐ、第2デークは中間、第3デークは次の星座に移る直前の期間に注目することが大切です。

第2ハウス（金運アップ）

●全般

転機度　65点

「お金に転機」が訪れます。土星は「土地・不動産」も示すので、これらでお金を動かすと金運は守られます。

●収入源

土星は「土地・不動産・金融・医療」を示し、会社勤めであってもこれらが別の収入源につながることも考えられます。

●使い方

「土地」や「不動産」の購入はよい使い方です。が、収入の減収が考えられるため、現金支出を押さえることが大切です。

アドバイス・トークのポイント

土星が第2ハウスに入ると、出費はかさみます。その出費を無駄なものにしないために、「第2ハウスの星座」を確認します。「第2ハウスの星座の守護星」のキーワード（P54参照）が示す事柄からヒントを得て、関連するものにお金を使うと無駄な出費にならず後悔しません。

24年間　土星の進行表（2023－2026）

● 2020年12月18日～2023年3月7日・水瓶座 ♒ ● 2023年3月8日～2025年5月25日・魚座 ♓
● 2025年5月26日～9月1日・牡羊座 ♈ ● 2025年9月2日～2026年2月14日・魚座 ♓

第3ハウス（教育・旅行）

●全般 転機度 **85点**

「教育、旅行に転機」の訪れを示しています。土星の影響を受け、勉強や旅行が計画どおりに進まないこともあります。

●教育

苦労しますが、土星のキーワード（P25参照）関連の分野を学ぶことで運気を上げ、必ず成果が出てきます。

●旅行

この時期は、旅は避けるとよいのですが、土星のキーワード（P25参照）が示す目的や場所ならまずまずの旅行に。

アドバイス・トークのポイント

勉強などで挫折する年代の予測は、「第3ハウスの星座」を調べます。牡羊座から乙女座までは10代・20代で、天秤座から魚座までは30代以降。勉強分野の傾向は、第3ハウスに惑星がふたつ以上あるなら、今までと違う分野や種類の勉強をするとよいでしょう。

第4ハウス（家族・不動産）

●全般 転機度 **90点**

「家族・不動産に転機」の訪れを示しています。家族の独立や両親との同居の可能性も。不動産にも変化の兆しあり。

●家族

よい変化であれば両親との同居が考えられますが、悪い変化では家族の健康の低迷、バラバラになる可能性があります。

●不動産

不具合も含めて地震対策などの修繕や改築、引っ越しなど、住居や不動産に問題が生じる可能性があります。

アドバイス・トークのポイント

家族の健康は、本人や気になる家族のホロスコープを作成、健康に関係する第2章「第6ハウスの星座」（P62〜P63）を読み解いてあげましょう。また、家族にかかわる住居の引っ越しなどは、必要不可欠な場合以外はしばらく待つようにアドバイスをしてあげましょう。

24年間　土星の進行表（2026－2032）

● 2026年2月15日〜2028年4月13日・牡羊座 ♈

● 2028年4月14日〜2030年6月1日・牡牛座 ♉ ● 2030年6月2日〜2032年7月14日・双子座 ♊

第5ハウス（恋愛・エンタテイメント）

●全般

転機度 **65点**

「恋愛・エンタテイメントの転機」を示しています。恋愛は不調な時期。レジャーも計画どおりに進まない可能性があります。

●恋愛

恋人募集中なら出会いの機会が減り、障害や制限のある相手を選ぶ可能性も。恋人とのトラブルは忍耐強さが必要です。

●エンタテイメント

趣味などに熱中できなくなる時期。派手なレジャーなどは控え、土星が示すキーワードで余暇を選ぶようアドバイスを。

アドバイス・トークのポイント

この期間に恋人が欲しい場合は、土星の暗示しているキーワード（第2章・P25参照）の条件に合う人を見つけること。誠実につき合えば長続きする可能性があります。この時期は、趣味を続けるパワーも欠けることがあります。

第6ハウス（健康・仕事）

●全般

転機度 **80点**

「健康・仕事に転機」の訪れを示しています。健康面も低下気味で、職場の人間関係や仕事のトラブルがあるかも。

●健康

2年半から3年間は体調を崩す可能性があるため、健康面に注意が必要です。怠ると慢性化する可能性があります。

●仕事

職場環境や仕事内容に好ましくない変化があり、仕事の情熱を失うこともあります。就職活動も結果が出にくい時期です。

アドバイス・トークのポイント

転職は、「第6ハウスに木星の守護星の射手座があるか」、「第6ハウスに木星があるか」で判断します。あった場合には積極的になって大丈夫。ない場合は、この期間の転職はやめたほうがよい暗示です。また、健康面も手術など大きな決断は同じことがいえます。

24年間 土星の進行表（2032-2036）

● 2032年7月15日～2034年8月27日・蟹座 ♋ ● 2034年8月28日～2035年2月16日・獅子座 ♌
● 2035年2月17日～5月12日・蟹座 ♋ ● 2035年5月13日～2036年10月16日・獅子座 ♌

第7ハウス（結婚・パートナー）

●全般

転機度 **95点**

「結婚・パートナーに転機」の訪れを示しています。夫婦関係の悪化やパートナーとして忍耐を強いられることも。

●結婚

夫婦の意思疎通があれば、結婚生活は安定します。独身者は、土星の暗示する会社勤めの人との結婚話は進展します。

●パートナー

親友、ビジネスパートナーなどとの関係に忍耐が必要となる時期。この時期は耐えるか、理論的な改革をするかです。

アドバイス・トークのポイント

結婚生活は、我慢や忍耐が必要です。ただ、別れ話には好機で希望どおりの結果を得る可能性が高いといえます。また、ビジネスパートナーとの関係は、解消の暗示がありますが、土星のキーワード(P25参照)が暗示する新たなパートナーが登場する可能性があります。

第8ハウス（財産・スポンサー）

●全般

転機度 **65点**

「財産・スポンサーに転機」の訪れがあります。資産運用は控えめにしたい時期。支援の停止もあるかもしれません。

●財産

資産価値の低下、財産額の減少の暗示の反面、土地、不動産所有の可能性もあり。借金返済は困難になることも。

●スポンサー

支援者の財運が低迷し、支援が難しくなりそう。スポンサーである会社の経営悪化などで、給料が減る可能性もあります。

アドバイス・トークのポイント

財政が低迷するため、返済などで生活が大変になります。また、この期間の不動産などの売却、遺産相続や譲渡話などはできるだけ先に延ばすようアドバイスを。生活が苦しくなる時期のため、結婚後の生活自体もこの期間は忍耐が必要となってきます。

24年間　土星の進行表（2036-2042）

● 2036年10月17日～2037年2月11日・乙女座 ♍ ● 2037年2月12日～7月7日・獅子座 ♌
● 2038年1月1日～2039年9月6日・乙女座 ♍ ● 2039年9月7日～2042年7月15日 天秤座 ♎

第9ハウス（思想・海外）

●全般

転機度 60点

「思想・海外に関する転機」が訪れます。海外旅行は避けた方が無難です。また、思想に変化の兆しがあります。

●思想

「厳しさ」を示す土星の影響で、自己に厳しい思想を持つ傾向があります。両親、とくに父親と同じ思想になる可能性も。

●海外

外国の古典文化や文学、美術やアンティークなどに触れるのもおすすめ。この時期の海外旅行は、節約を心がけて。

アドバイス・トークのポイント

留学などは、この時期が過ぎてからの可能性が高いようです。けれど、海外への渡航が必然なら、土星のキーワード「地味」と土星の色「黒」からワードローブは黒を中心にしたシンプルなものにすれば、安心して旅を楽しむことができる可能性も。

第10ハウス（天職・業績）

●全般

転機度 80点

「天職、業績に転機」が訪れます。30年ぶりに天職にめぐり合う可能性があります。業績は低迷する傾向が見られます。

●天職

天職として、土星のキーワードに関連する仕事に就くかも。それ以外は、仕事への意欲が減退していくかもしれません。

●業績

仕事の業績の低迷が考えられます。が、それをきっかけに努力する方向が見え、安定に向かうこともあります。

アドバイス・トークのポイント

仕事の低迷が続き、転職を考えがちです。しかし、現在就いている仕事が天職の可能性もあり、時間が経てば状況がよくなることも。今の仕事を辞める前に、第3章「仕事に関する第6・10ハウス」のデータで現状を確認して、アドバイスを行いましょう。

24年間　土星の進行表（2042－2047）

● 2042年7月16日～2044年2月22日・蠍座♏ ● 2044年2月23日～3月25日・射手座♐
● 2044年3月26日～11月5日・蠍座♏ ● 2044年11月6日～2047年1月25日・射手座♐

第11ハウス（コミュニケーション・希望）

●全般
転機度 **50点**

「コミュニケーション・希望に転機」が訪れます。親しい友人と離れる暗示があります。希望の達成にも時間がかかる時期です。

●コミュニケーション

土星のキーワード「年上の人」との交流から世代を超えた友情がめばえることも。守護星が土星の山羊座の親友が現れるかも。

●希望

希望の達成にはまだまだ時間はかかり、遅れることを暗示しています。その反面、新たな希望が加わることもあります。

アドバイス・トークのポイント

この時期に交友関係で悩んでいたら、友だちのホロスコープを作成し、第2章「第11ハウスの星座」の性格の特徴を理解して相手に接するようアドバイスを。希望を叶えたい場合は、第11ハウスに木星が入る時期に自然と目標に手が届くようになると教えてあげましょう。

第12ハウス（奉仕・癒し）

●全般
転機度 **60点**

「奉仕・癒しに転機」が訪れます。ストレスや疲れが解消されず、奉仕活動にも支障が生じる可能性があります。

●奉仕

土星の影響で疲れやすくなり、奉仕的な気持ちは薄れる時期です。一時的に社会と切り離した生活を望むこともあります。

●癒し

十分な癒しが得られない暗示です。土星は「義務」の意味も持ち、義務を果たすために体調を崩す傾向も見られます。

アドバイス・トークのポイント

第6ハウスに火星・土星・天王星・海王星・冥王星のどれかがあると癒しを得られません。土星は「敵」の意味も持つため、疲れが原因で敵をつくりやすくなります。精神的に落ち込んだときは、神社仏閣などを訪ねると心が落ち着くはずです。

都道府県別　経緯表

第２章 STEP3 のように、出生時間を入力してホロスコープをつくる場合は、出生地の経度・緯度を「都道府県経緯表」で確認して数値を入力します。

都道府県	経度	緯度
北海道	141 20 49	43 03 51
青森県	140 44 24	40 49 28
岩手県	141 09 09	39 42 13
宮城県	140 52 19	38 16 08
秋田県	140 06 09	39 43 07
山形県	140 21 48	38 14 26
福島県	140 28 04	37 45 00
茨城県	140 26 48	36 20 29
栃木県	139 53 01	36 33 57
群馬県	139 03 39	36 23 28
埼玉県	139 38 56	35 51 25
千葉県	140 07 24	35 36 17
東京都	139 41 30	35 41 22
神奈川県	139 38 33	35 26 52
新潟県	139 01 25	37 54 08
富山県	137 12 41	36 41 43
石川県	136 37 32	36 35 40
福井県	136 13 19	36 03 55
山梨県	138 34 06	35 39 50
長野県	138 10 52	36 39 05
岐阜県	136 43 20	35 23 28
静岡県	138 22 59	34 58 37
愛知県	136 54 24	35 10 49
三重県	136 30 31	34 43 49

都道府県	経度	緯度
滋賀県	135 52 06	35 00 16
京都府	135 45 20	35 01 17
大阪府	135 31 12	34 41 11
兵庫県	135 10 59	34 41 29
奈良県	135 49 58	34 41 07
和歌山県	135 10 03	34 13 34
鳥取県	134 14 18	35 30 13
島根県	133 03 02	35 28 20
岡山県	133 56 06	34 39 42
広島県	132 27 34	34 23 47
山口県	131 28 17	34 11 09
徳島県	134 33 34	34 03 57
香川県	134 02 36	34 20 25
愛媛県	132 45 58	33 50 30
高知県	133 31 52	33 33 35
福岡県	130 25 05	33 36 23
佐賀県	130 17 56	33 14 58
長崎県	129 52 25	32 44 41
熊本県	130 44 25	32 47 23
大分県	131 36 45	33 14 17
宮崎県	131 25 26	31 54 40
鹿児島県	130 33 29	31 33 37
沖縄県	127 40 52	26 12 45

●著者　立木冬麗　（たちきとうれい）

占星術の祖である故・銭天牛師に師事、フランス占星術アーデを基礎より学ぶ。その後パソコン占星術を導入し、現在に至る。雑誌、新聞、テレビ、ラジオ出演など重ね、「月刊ピアノ」（ヤマハミュージックメディア）、「無添加通信」（HABA 化粧品）、「and Girl」（エムオン・エンタテインメント）などの雑誌を中心に、「うらなえる - 運勢の恋占い -」「LINE 365 Birthday Report」「星の暗号解読家・立木冬麗 -Birthday Report-（https://www.nifty.com/tourei/about.html）などの web サイトの占いコーナーを多数担当。初心者から学べる「立木冬麗の星占い講座（月 1 回）」をはじめ、占星術セミナーなどを随時開催。

◎お問い合わせ◎
鑑定やセミナー、その他のお問い合せは、オフィシャルサイトの「個人鑑定」申込フォームをご利用ください。
* 携帯電話からご連絡いただいた場合、こちらの PC から返信しますと携帯電話 に届かないことがあります。携帯電話をパソコンメール受信の状態にしてから ご連絡ください。

■ 立木冬麗オフィシャルサイト
http://www.tourei.net/

● 企画・構成・編集　：オフィスクーミン／佐藤公美
● イラストレーション：田村 玲子
● デザイン・DTP　　：安部智美デザイン室／安部智美

ホロスコープを読み解く　はじめての西洋占星術
立木冬麗の幸せ占星術 LESSON　改訂版

2023 年 2 月 10 日　第 1 版・第 1 刷発行

著　者　立木　冬麗（たちき　とうれい）
発行者　株式会社メイツユニバーサルコンテンツ
　　　　代表者　大羽 孝志
　　　　〒 102-0093 東京都千代田区平河町一丁目 1-8
印　刷　シナノ印刷 株式会社

ご意見・ご感想はホームページから承っております
ウェブサイト　https ://www.mates-publishing.co.jp/

編集長：堀明研斗　　企画担当：折居かおる / 清岡香奈

※本書は 2018 年発行の『立木冬麗の幸せ占星術 LESSON ホロスコープで読み解く星のメッセージ』を元に加筆・修正を行い、書名と装丁を変更して新たに発行したものです。